한국의 종가, 그 현재와 가치

기획   경상북도·한국국학진흥원
지은이   김광억·김미영 외
펴낸이   오정혜
펴낸곳   예문서원

편집   유미희
디자인   김세연

인쇄 및 제본   주) 상지사 P&B

초판 1쇄   2016년 12월 20일

출판등록   1993년 1월 7일(제307-2010-51호)
주소   서울시 성북구 안암로9길 13, 4층(안암동 4가)
전화   925-5914 | 팩스   929-2285
홈페이지   http://www.yemoon.com
전자우편   yemoonsw@empas.com

ISBN   978-89-7646-359-3   03910

값   19,000원

한국의 종가, 그 현재와 가치

'종가宗家'에 대한 관심이 뜨겁다. 설과 추석이 되면 종가의 차례茶禮 영상이 매스컴을 통해 전국으로 퍼져 나가는가 하면, 한류 열풍에 힘입어 한식이 주목을 받으면서 '종가음식'도 더불어 세간의 주목을 받고 있다. 사실 설과 추석의 차례나 장醬을 비롯한 전통음식은 일반가정에서도 쉽게 접할 수 있는 것들이다. 그럼에도 불구하고 종가의 차례와 음식이 관심의 대상이 되는 까닭은 '역사성' 곧 오랜 전통을 간직하고 있기 때문이다.

종가의 오랜 전통이란 쉽게 말해 '가통家統'이다. 즉, 가문을 넘어 지역사회에서 존숭받는 현조顯祖의 삶과 정신이 후손들에게 계승되면서 독창성을 지닌 응축된 문화로 나타나는 것이 바로 가통이다. 구체적으로는 학문적·사회적 성취물인 기록문화, 올곧은 정신을 강조하는 가훈·일기·편지 등의 규범문화, 유교이념이 투영된 고택·사당·서원·정자·재실 등의 건축문화, 검약과 절제의 선비정신을 담고 있는 의례와 음식 등이다.

이처럼 우리가 종가를 주목하는 이유는 전통적 생활문화를 비롯해 오늘날 본받을 만한 정신문화를 계승하고 있기 때문이다. 이는 곧 '종가'의 중요성은 종가 자체보다도 그 종가가 간직하고 있는 '종가문화'에 있다는 것을 의미한다. 이런 까닭에 종가 역시 현조顯祖를 중심으로 이어 내려온 종가문화를 계승하기 위해 다방면으로 노력을 기울이고 있다. 종손은 조부나 아버지로부터 보학譜學과 가학家學 등을 비롯한 가문의 전통을 익혀 나가는 '종손교육'을 받으며, 종부는 시어머니로부터 봉제사접빈객에 필요한 안주인으로서의 역할 등을 전수받는 이른바

'종부교육'을 습득하는 것이다.

지금까지 우리 사회는 경제성장이라는 목표 아래 급속한 산업화·서구화를 경험했는데, 이 과정에서 전통문화를 경시하는 풍조가 생겨나기도 했다. 그런데 최근 인성 부재에 따른 각종 사회 문제가 대두하면서 전통적 가치에서 그 해결책을 모색하려는 경향이 나타났으며, 그러는 가운데 전통문화를 비교적 잘 간직하고 있는 종가가 주목을 받기 시작했다. 이로써 오늘날의 종가는 개별 가문의 소유를 넘어 공적인 문화자산이 되었다고 할 수 있는데, 이는 곧 종가문화의 범지역적·범국가적 차원에서의 보존 필요성을 의미하는 것이기도 하다.

이 책은 경상북도에서 추진하고 있는 종가포럼의 성과물이다. 2009년부터 시작된 종가포럼은 올해로 9회째를 맞는다. 매년 종가문화의 핵심적 아이템을 선정해 학술강연, 전시, 공연 등을 중심으로 진행해 왔는데, 2009~2015년(1~8회)까지의 포럼자료집에 실린 강연 원고를 모아 이번에 단행본으로 발간하게 되었다. 국내에 종가문화 관련 이론서가 전무全無한 상황에서 매우 의미 있는 책이 될 것으로 기대한다.

마지막으로 여의치 않은 상황에서도 책 발간을 위해 기꺼이 힘을 보태 주신 예문서원 오정혜 대표에게 감사의 말을 전한다.

2016년 10월
글쓴이를 대표하여 김미영 씀

차례

제 1 장

종가문화의 세계화 : 가치, 가능성, 방향

김광억
(서울대학교 인류학과 명예교수)

1. 종가문화의 뜻

종가문화란 종가에서 실천되는 문화적 전통이라 하겠는데 이는 곧 종가를 통하여 대변되는 한국문화의 특징과 전통이라고 할 것이다. 종가는 유교의 종법제도에 의하여 설립되는 사회—문화적 실체이다. 따라서 유교문화와 한국의 문화가 결합한 전통을 대표한다. 다른 말로 하자면 종가문화는 특정 종가가 실천하는 아주 특별한 문화가 아니라 유교에 바탕을 둔 한국문화를 대표하는 것이라 하겠다.

종은 마루라는 뜻으로 특정 시조의 자손을 포함하는 친족 범주이다. 즉 초점이 되는 조상의 자손들이 한 마루에 모여서 그를 제사 지낸다는 의미를 갖는다. 따라서 어떤 조상을 계산의 정점으로 삼는가에 따라서 종족의 범주도 달라진다. 이는 곧 한 개인은 씨족 내에서 여러 종족에 속할 수 있음을 의미한다. 대종이나 소종 혹은 파종이란 말은 그러한 범주의 다양성을 말해 준다.

1) 종가의 구성 원리

한국에서는 유교의 종법제도를 보다 엄격하게 지켜오는데, 그에 의하면 시조로부터 적장자로 이어지는 출계의 선을 대종 혹은 원종이라 한다. 종족은 어떤 인물이 학문이나 관작으로 뛰어나고 국가와 사회에 공을 세워 국가나 유림으로부터 부조지위를 받게 되어 영원히 제사를 받는 대상이 됨으로써 이루어진다. 그 아래로 몇 대에 내려와서 적장자가 아닌 다른 아들이 훌륭한 인물이 되어 부조지위를 얻으면 그 자손들이 따로 하나의 종족 분파를 만들게 되는데, 이를 소종 혹은 파종이라 한다. 부조위가 되는 길은 왕으로부터 지정되는 것 외에 지역의 유학자 공동체(유림)의 공론에 의하여 인정되는 것이 있다. 또한 서원에 배향이 됨으로써 자연히 부조가 된다. 조선조 후기에 많은 문중에서 서원이나 사우를 건립하는 일은 그렇게 하여 부조되는 조상을 많이 만들기 위한 것이다. 원칙적으로는 일반인은 2대봉사를 하고 당상관이 되지 않으면 3대봉사를 하도록 되어 있으나 점차 자기의 조상을 높이고 그에 따라 자신의 가격을 높이려는 욕구에 의하여 어느덧 4대봉사를 마치 보편적인 규정인 듯이 실천하게 되었다. 그래서 누구든지 자기의 조상을 4대 이후에는 조매를 하지만 두고두고 특정의 조상을 사당에 모시고 영구히 제사를 지냄으로써 그 파를 만들 수 있다. 따라서 국불천 · 향불천 · 사불천의 구분이 나오게 되는데 향촌사회에서 인정을 받으려면 그 지역사회의 유림의 공론에 의하여 인정을 받아야 한다.

조선조 초기에는 아들이 없으면 무후라 하여 대가 끊겼다. 이때 딸이 있으면 그 딸이 제사를 이었고, 이는 곧 외손봉사제로 말해진다. 중기를 지나면서 점차 적장자 계승의 원칙이 강화되고 적자가 없으면 서자가 계승하는 것이 옳은 것이겠지만, 조선에서는 적서 구분을 엄격히 하는 전통이 수립되면서 동종의 집안에서 적자를 얻어서 가계를 이었다. 특히 종가의 가계는 적장자가 자식 없이 죽으면 그 아우가 잇지 않고 입양을 하여 종통을 잇는 일이 많았다. 즉 조선조에서는 가계를 적장자가 잇는 것이 원칙인데, 중기에 이르기까지는 적자가 없으면 서자가 이을 수 있었다. 그러나 후기에 들어오면서 엄격해져 가계와 종통을 분리하여 적자가 없으면 서자가 가계를 이을 수는 있지만, 종통은 적자 소생의 종족원을 입양하여 잇게 하였다.

2) 종가의 역할과 기능

종가는 종족의 구심점이자 사회적 지위의 상징이므로 종손은 특별한 지위와 임무와 권리와 권위를 부여받는다. 종손은 종가를 지키며 종가의 역할을 수행하는 데 충실해야 한다. 만약 종손으로서의 의무를 충실히 수행하지 못하거나 종족의 명예를 실추하는 경우에는 축출되거나 다른 후손으로 종통이 바뀌어지게 되는 일도 있다.

종가의 가장 중요한 역할은 "봉제사접빈객"이란 말로 표현된다. 이는 종족의 안과 밖, 상과 하, 시간과 역사, 그리고 사회적 연망과 사회적 자원을 의미한다. 봉제사는 조상에 대한 제사를 절대적으로 지키는 것인데, 이는 단순히 제사만 지낸다는 의미가 아니다. 조상으로부터 면면히 이어오는 종족의 역사와 문화적 전통을 지키고 재생산한다는 의미이다. 제사가 유교적인 것이므로 봉제사는 곧 문중마다 전통적으로 발전시켜 온 독특한 유교문화를 계승하고 표현하는 기제이기도 하다.

접빈객은 종족이 아닌 손님을 맞이하고 대접하는 일이다. 이를 통하여 그 종족의 대외적 관계의 연망을 구축하고 확대하고 또한 유지한다. 연망은 종족과 타 종족을 연계시키는 가장 중요한 사회적 자원이 된다. 그렇게 함으로써 종족의 범주를 넘어선 보다 큰 공동체를 만드는 것이다. 즉 사회를 각각의 개인이나 서로 다른 종족들의 분열 혹은 독자적인 존재를 넘어서 이를 하나의 사회적 문화적 공동체로 통합하는 일의 구심점이 되는 것이다.

그러므로 종손의 교육과 결혼은 특히 종족과 종족의 정치적 사회적 그리고 문화적 결연을 상징하는 중대한 일로써 전체 종족원의 관심사가 된다. 종가와 종가끼리 결혼의 연맹을 맺는 데에는 학맥과 정치적인 동맹관계가 작용한다. 곧 유교의 학문적 전통과 이념 그리고 예법과 도덕체계를 공유하는 종족끼리 결합함으로써 문화공동체를 지역의 경계를 넘어서 구축하는 데 종가 사이의 결혼과 교류가 핵심적인 상징이 되었다. 달리 말하자면 종가와 종가의 결혼관계는 곧 유교의 이념과 도덕체계를 표명하는 하나의 사회적 기제인 것이다. 이를 이해하지 않으면 종가의 중요성을 알지 못한다.

3) 한국의 종족과 종가의 특성

비록 종가가 유교의 산물이지만 유교의 발상지인 중국과 비교할 때 한국의 종가제도 및 종가에 의하여 실천되는 유교문화는 다른 데에서는 볼 수 없는 특징이 있다. 한국은 유교전통이 한국문화의 기초를 이루고 있지만, 유교의 발상지인 중국에서는 유교는 가장 지배적인 문화전통이 아니다. 도교와 불교 전통이 일반인들의 일상생활을 지배한다. 그들에게 유교란 조상숭배와 가족의 윤리와 도덕률을 말하며 높은 철학적 수준의 논의나 국가적 이데올로기로 확립되지는 않았다. 중국에서는 종족으로 이루어진 촌락이 많지만 종가와 종손이 제도화되어 있지 않다. 종족은 각 가족의 모든 조상의 위패를 함께 모셔 두는 공동의 사당이 있고 종족의 일은 혈통적 지위가 아니라 연령과 사회적 명망을 가진 족장과 장로들이 의논하여 행한다. 그러므로 굳이 관작(관직과 사대부의 작위)을 가진 조상일 필요가 없다. 국가에서 불천위를 수여하는 것이 없고 그들 스스로가 모든 조상을 함께 모시는 것뿐이다.

중국에서는 남계친 자손에게 균분상속을 원칙으로 하고 상속받은 자식이면 모두 조상을 제사하는 의무가 있다. 상속을 받지 않은 자손은 제사를 모실 의무가 없지만 상속받은 자손은 모두 제사를 받들 의무가 있다. 종족은 지역에 살고 있는 자손들이 그 지역에 처음 터를 잡은 소위 입향조를 정점으로 하여 그 자손들의 위패를 모시는 공동의 사당을 지음으로써 존재하는 것이며 이때 일정한 경제적 공헌을 한 사람만이 그 종족의 구성원의 자격을 부여받는다. 말하자면 지역적인 주식회사를 만드는 이치와 같다.

이에 비하여 한국에서는 오직 관작을 가진 조상을 시조로 삼아서 모든 자손들이 종족원이 되며 사당에는 그 시조의 위패만 모신다. 그리고 종족원은 지역적 경계를 넘어서 전국에 퍼져 있을지라도 동일한 종족원의 자격이 주어진다. 그리고 그 조상의 적장자가 종손으로서 제사의 초헌관이 되는 특권적인 존재가 된다. 사당은 종가의 특권적이고 성스러운 종교적 장소가 된다. 중국에서는 균분상속제도로 인하여 종손이나 종가가 있을 수 없다. 중국에서 종족은 그 조상의 관작과 관계 없이 자손들의 지역적 경제 공동체로서 조직된다는 의미가 강하지만, 한국에서는 조상의 관작이 있어야 사당이 마련되고 그를 정점으로 하는 종족이 성립되는바, 탈지역적이고 정치적 문화적인 혈연조직이다.

한국의 종가는 종택과 종족의 문화유산으로 이루어진다. 종택이란 대개 살림을 하는 경제적 공간인 안채와, 종손이 머무는 방과 손님을 맞이하고 유숙하게 하는 방으로 이루어진 정치 및 사회적 공간인 사랑채, 조상의 신위를 모시는 종교적인 공간인 사당, 그리고 가능하면 정신세계를 상징하는 연못과 정원을 포함한다. 집안에는 해당 종가의 문화적 전통과 아이덴티티를 나타내는 물질적 증거들 즉 서적과 기록물들, 전해오는 조상들의 유품들, 임금의 하사품이나 선물로 받은 유물들로 이루어진다. 물론 족보와 가보가 있다.

4) 한국 종가의 구조적 문화적 특징

"서울 사람은 돈이 있으면 입성(옷치레)을 하고 호남 사람은 잔치를 하며 영남 사람은 기와집을 짓는다"라는 말이 있다. 그만큼 경상도에서는 특히 종가는 큰 저택을 가지고 있는 경우가 대부분이다. 어디에서나 한국의 큰 저택에는 각 건물과 마루 혹은 방에 이름을 붙인다. 즉 유교적 가치와 그 조상이 대변하는 유교문화를 나타내는 당호가 있으니, 종가의 사랑채나 본 건물에는 추월한수정, 보백당, 충효당, 군자정, 풍뢰헌, 광풍제월, 관물당, 무언재 등의 편액이 걸려 있고, 조상이 남긴 글씨나 시구로써 기둥이나 벽을 장식한다. 조상의 호를 따서 집을 지칭하기도 한다. 이 당호와 주련 및 대련은 그 문중이 특별한 가치와 의미를 부여하는 유교의 철학적 내용을 가리킨다.

종택은 선비의 거처에 적용되는 이상적인 문화경관 구조를 대변한다. 종가의 건물은 정원 혹은 식물들로 둘러싸이게 마련인데 특히 매, 난, 국, 죽, 송의 다섯 식물이 중요하다. 이 식물들은 모두 선비의 지조와 가치를 상징하는 것이다. 안동지방에는 여기에 백일 동안 붉은 꽃이 핀다 하여 백일홍 나무(발음이 변하여 배롱나무로 부르기도 한다)를 더한다. 이는 선비의 정직성과 진실성을 의미한다. 사랑채 앞이나 마당한 켠에는 또한 네모 혹은 원형의 연못을 두는데, 주희의 시에서 보듯이 인간 본성을 찾는 이성의 투명성과 주돈이가 읊은 애련송에서 보듯이 선비의 깨끗한 마음과 자세를 상징한다.

종가는 살아 있는 자손의 생활세계와 몸은 죽었으나 영원히 살아 있는 조상신의 성스러운 세계로 이루어지는 특별한 문화적 공간이다. 이 점이 종가의 특별한 이유이다. 사람들은 종가에 모여서 종족 전체에 관련된 중대사를 의논하고, 때때로 모여서 공동 조상에 제사를 지냄으로써 자손과 조상이 하나의 영속적인 공동체를 이루는 것을 상징적으로 체험한다. 종족의 공동 관심사를 의논하고 결정짓는 활동을 종가에 모여서 하는 이유는 "조상에 고한다"는 의식 때문이다. 곧 조상으로 인하여 형성된 종족의 도덕과 윤리체계에 의거하여 의논을 하는 것임을 상징하기 때문이다.

또한 종가에는 종족이 귀하게 여기는 역사유물이 소장되어 있어서, 자손들은 이에 정기적으로 접함으로써 그들의 전통을 체화하고 과거로부터의 역사와 전통에 대한 기억을 재생한다. 그러므로 종족원에게 종가의 방문은 신성한 세계와 시간의 재생을 체험하는 일종의 성지순례가 된다. 현대에 와서도 많은 문화적 변화에도 불구하고 한국 사회에 유교전통이 살아 있게 된 이유는 바로 이러한 종가가 있어서 그 재생의 실현이 가능하기 때문이다.

봉제사접빈객의 활동은 종가가 음식을 비롯한 물질문화의 정수를 전수해 오도록 만든다. 술, 간장, 그리고 손님 접대의 식탁과 제사 및 기타 의례용 음식이 예법과 더불어 종가마다 독특하게 발전해 왔다. 종가가 한국문화의 보존과 전승의 중요한 제도적 장치가 되는 이유가 여기에 있다. 종손은 그 몸가짐과 예의와 문화 수준을 올곧게 지켜야 하고 종부는 전승되는 살림살이의 기술과 특징을 지키고 다음 세대에 전승시키는 도덕적 의무가 있다. 이를 감당하는 정도와 수준의 여부가 해당 종가 및 그 종족의 문화적 지위와 수준을 대변하는 것이다.

2. 전통과 현대의 긴장과 타협 속의 종가 :
   관광과 문화체험

그런데 이러한 종가는 전통시대와 근본적인 차이를 보이는 오늘날 많은 도전에 직면하게 되었다. 이전에는 농업사회였으므로 종족원은 모두 농촌에서 집단적으로 살았다. 종가는 그 한가운데에 위치하였다. 그러나 오늘날 종가를 보호하고 지원해야 할 종족원들이 도시로 나갔다. 농업보다 비농업 부문의 경제적 사회적 가치가 훨씬 높기 때문이다. 심지어 종손 자신도 외지에서 생업을 위해 다양한 직종에 종사함으로써 평소에는 종가가 비어 있게 된다.

교육을 중시하는 유교전통에 따라 종중에서는 종손의 교육에 각별한 관심을 기울였다. 많은 종족들에서 아무리 곤궁해도 종손에게만은 현대식 고등교육을 받게 한 경우를 보게 된다. 종손의 교육 수준은 곧 해당 종중의 위신과 품격의 상징인 것이다. 이들 종손이 될 적장자는 현대식 고등교육을 받고 자신의 개인적인 능력을 개발하지만 인생의 중도에서 자기만의 생활을 포기하고 향리로 돌아와 봉제사접빈객을 주업으로 삼는 종손의 길로 들어가야 한다. 이때 개인적 삶의 실현욕구와 종손으로서의 봉사적 생활의 의무감 사이에 많은 갈등이 생긴다.

또한 전통시대에 종가를 지원하던 하인과 종족원들이 떠나간 현재 종손은 다른 노력지원이나 재정적 조건을 확보하지 못한 채로 문중의 전통을 지속적으로 재현하고 의례적 의무를 수행해야 한다. 그것은 혼자 감당하기에는 너무나 벅차고 힘든 일이다. 뿐만 아니라 재정적인 뒷받침이 충분히 확보되지 않으면 전통의 보존은 어렵게 된다. 오늘날 종족의 성원들이 대거 외지로 나갔고, 종족재산이 충분한 재정적인 토대를 제공하지 않게 된 시대적 상황에서 종가는 과거에 누렸던 종족으로부터의 재정적 여건이 보장되는 것이 아니다.

비어 있는 집은 그만큼 퇴락하게 마련이다. 한옥은 사람의 체온과 손길로 보존된다. 그러므로 종택을 보존해야 하는 종가 식구들은 근래에 들어서 사람의 발길을 끌어들이는 여러 가지 시도를 하여 왔다. 고택체험이라는 문화관광 프로그램이 안동의 종가에서 시작된 것은 그런 이유가 있었던 것이다. 이러한 시대적 상황에서 많은 종가가 관광사업과 타협하게 된다. 현대 도시 아파트 생활로 전통생활 양식과 가치관을 상실한 사람들이나 혹은 과거에는 그러한 문화를 일상생활 속에서 실천할 형편이 못되었던 사람들은 종가 방문을 노스탤지어(잃어버린 과거에 대한 향수)를 충족시키거나 과거에 대한 호기심을 채워 주는 하나의 관광 행위로 삼는다. 이에 부응하여 고택체험이라는 관광 장르가 개발되었다. 고택은 곧 종가에서 연유하는 것이 많아 종가 = 고택인 경우가 대부분이다. 규모와 아름다움을 갖추고 있는 오래된 한식집에서 하룻밤을 지내고 그 집안 대대로 내려온다고 상상되는 식사를 맛보는 것이 고택체험의 기본 내용이다. 최근에는 심지어 조상에 대한 제사조차도 문화체험 혹은 문화교육의 명분 속에서 하나의 구경거리로 외부 관광객에게 개방되고 있다.

관광사업의 한 장르로서 종가 방문은 방문자가 안내자로부터 건축학 및 건축사적인 설명을 듣거나 종가가 받드는 옛날의 주인공 즉 파시조의 이름과 그 일생에 대한 아주 간략한 설명을 듣는 수준에 머물게 된다. 그러므로 물질적인 것의 구경 외에 종가에 서린 정신적 문화의 구체적인 내용을 접하는 기회는 아주 적다. 따라서 외면적이고 물리적인 차원을 넘어서 종가에서 실천되던 문화를 발견하고 체험하는 일이 여하히 가능할 것인가가 종가문화의 당위성과 의의를 결정할 것이다. 다행히 자신의 조상과 종족에 대한 자긍심과 그리고 종가로서의 자부심을 가진 종손이 있는 경우에는 종가의 문화경관은 물론이고 종가의 문화가 잘 보존된다. 그러나 아직 종손의 나이가 젊어서 향리의 종가를 비워 두는 경우에는 문화관광업자에게 위탁관리를 하는 경우가 많다. 이러한 상황에서는 해당 문중과 종가의 역사와 문화를 충실하게 감상하거나 이해할 수 없다. 건축물과 정신은 점차 격리되어 서로 멀어져 가고 어느 지역 어느 종가를 가도 똑같은 분위기와 내용을 체험하는 지극히 평범하고 무의미한 관광활동이 되어 버린다.

3. 종가문화의 세계화 : 그 의의와 가치

그런데 종가문화를 세계화한다는 것은 첫째 세계화의 진정한 의미가 무엇인가, 둘째 종가로 대표되는 문화가 세계화를 할 만큼의 가치와 의의를 가지고 있는가의 물음과 관계된다.

세계화란 종가에서 표현 혹은 재현되는 한국의 전통 유교문화가 세계적으로 보편화되는 것을 말함인가? 혹은 세계적으로 한국의 종가문화의 매력에 대한 소문을 듣고 찾아와서 관광수입을 올려 주도록 한다는 말인가? 이런 문제는 유교나 특정 지역사회와 민족의 전통문화를 세계적인 보편적인 문화로 발전시켜야 하는가의 질문처럼 대답이 쉽지 않은 문제이다. 가장 큰 이유는 그것이 과연 얼마나 보편적 가치를 지녔는가에 대한 판단이다. 만약 종가문화가 해당 문중의 지극히 개인적이고 특수한 맥락에서만 의미를 갖는 것이라면 이미 보편성을 상실했으므로 세계화할 수 없다. 오늘날 종가문화 즉 종가를 통하여 연행되고 실천되는 문화전통을 세계적으로 보편화해야 할 가치가 있다면 그것은 유교문화의 가치와 한국문화의 의미의 가치 때문이다.

특히 현대사회에서 물질주의와 개인의 이익우선주의가 정신적인 가치를 오염시키고 분열과 이질화를 통하여 사람들의 삶을 각박하게 만들고 도덕적 해이를 조장하여 갈등과 적대감을 증폭시키고 있는 추세를 본다. 따라서 이를 극복하고 인간성(휴머니티)을 되찾기 위하여 유교적 가치와 문화에 대한 재조명이 주목을 받고 있다. 종가는 유교의 도덕과 가치 체계를 가장 잘 실천하는 주체이다. 나아가서 유교 중에서도 중국과 달리 세련된 유교 전통을 가장 충실하게 보존해 오고 있다. 그러므로 한국과 중국을 포함하여 유교로 대표되는 동아시아문화를 가장 잘 표현하고 전수하는 교육기제로서 종가문화를 선양할 필요가 있다. 또한 종가는 보통 집과 달리 한국의 전통적인 생활양식과 관습을 가장 잘 보존하고 있다. 의식주의 물질문화와 예술과 세계관 그리고 역사문물과 의례의 전통을 재개발하기 위해서도 종가문화는 문화의 재생과 발전의 맥락에서 재평가될 가치가 있는 것이다.

한국인은 물론 외국인들도 종가를 방문하여 잠시나마 유교문화의 정수 혹은 높은 도덕체계와 전통문화를 체험함으로써 국경을 넘어선 인류 보편적인 가치를 다시 찾아보는 여유와 계기를 제공받을 수 있게 해야 한다. 그리고 다양한 문화의 초국적 흐름과 교류가 경쟁을 조장하고 하나의 표준에 의하여 다양한 문화들이 평가되는 오늘날의 글로벌 시대에 종가문화는 대안적인 문화로서 휴머니티와 예의와 의미를 가질 수 있도록 개발되어야 한다.

4. 종가문화의 발전 방안에 대한 몇 가지 생각

종가 및 종가문화를 문화관광상품의 차원을 넘어서 한국의 전통문화와 유교문화의 세련된 형식을 보존하고 실천하는 역사문화의 장으로 확립하는 일이 필요하다. 현대사회는 다양한 종교와 서로 다른 문화가 혼재하고 있어서 이질성이 극대화되어 있으므로 전통적인 조선조 시대처럼 유교만이 중심적이고 지배적인 문화체계를 이룩할 수는 없다. 그러나 이러한 이질성의 세계에서 올바른 인간성과 사회적 윤리와 도덕체계를 추구하는 유교문화의 가치가 다시 대안적인 문화와 문명체계로 인정을 받기 시작하고 있다. 서양에서도 유교에 대한 재조명을 하고 있으며 중국에서도 유교문화를 재개발하려는 국가 차원의 움직임이 나타나고 있다.

이러한 상황에서 한국은 유교문화를 가장 잘 보존해 온 나라이며 종가는 그 핵심적인 실천의 주체이다. 그러므로 유교문화와 한국의 전통문화를 현대적으로 계승하고 보급한다는 맥락에서 종가문화의 발전적 보존의 방안이 마련될 필요가 있다.

이를 위해서는 먼저 종가를 문화경관의 체계 속에 위치하게 해야 한다. 주위에 유교나 어떠한 전통문화의 유산이 없이 종가만 덩그렇게 남아 있는 것이 아니어야 한다. 여러 전통적인 문화의 유산과 역사유적들이 종가와 연계된 하나의 체계를 이루어야 한다. 즉 단순히 자연경관이 아니라 문화경관을 가꿈으로써 종가문화를 그러한 전체적인 문화세계 속에서 의미와 가치를 인식하도록 해야 한다.

이는 곧 종가가 관광거리로서 즐기는 대상에서 그치지 않고 사람들로 하여금 문화의 의미를 교육받고 역사와 전통의 귀중함을 재발견하며 개인의 종교적 차이를 넘어서 인간의 보편적인 가치와 도덕을 가꾸는 유교의 의의를 인식하는 하나의 문화체험의 공간으로 되어야 함을 의미한다. 물론 이는 근본적으로 해당 문중과 종가가 노력을 해야 하는 일이다. 문중마다 종가에 대한 인식과 지원의 방식과 정도가 달라서, 지금도 잘 유지되어 한국문화와 유교전통이 살아 있는 작은 교실이 되어 있는 종가가 있는가 하면 퇴락하여 명색으로만 남아 있는 종가도 있다.

문중의 노력과 더불어 지역사회와 시민사회에서 문화유산의 발전적 보존을 위한 자발적인 지원이 조직되어야 한다. 선진국에서 특정의 문화재나 역사유적을 보호하기 위하여 시민의 헌금으로 운영되는 문화재단의 설립이 우리나라에도 적극 활성화되어야 한다. 그것은 먼저 해당 지역사회에서 시작되어 확산되어야 한다. 여기에 국가차원의 지원이 전통문화의 보존과 개발사업에 확보되어야 할 것이다.

가장 핵심적인 문제는 종가문화를 과연 어떤 구체적인 내용으로 채울 것인가에 대한 고민이다. 예를 들어 안동의 하회, 천전, 소산, 경주의 양동과 같은 경우는 지역 일대가 종족 촌락과 역사유적 그리고 문화유산들이 전통적인 문화경관을 이루고 있어서 종가는 그 체계 속에서 의미를 분명하게 전달하고 있다. 그러나 많은 경우 장려한 건물의 무리와 아름다운 주위의 자연경관으로 구성된 종족촌과 종가에 들어서서 단지 물건 혹은 자연으로서의 대상으로 바라볼 뿐 종가문화를 실제로 경험할 수는 없다. 종가에 얽힌 역사적 지식이나 그 종가가 지키고 있는 전통이 무엇인지, 그 문중의 문화적 성취가 어떤 것인지를 설명하는 사람도 없고 그것을 맛볼 서적이나 유물도 없는 경우가 많다. 텅 빈 건축만 둘러보고 지난 과거의 쓸쓸한 잔재를 카메라에 담을 뿐이다.

안동의 임청각은 고성이씨 종가이며 종손이던 석주 이상룡은 나라를 일제에 빼앗기자 분연히 독립운동을 위하여 가산을 바쳤고 그 가족은 비참한 순국의 길을 갔다. 그가 떠날 때 조상의 위패를 아무도 모르는 곳에 은닉하였다. 일제가 이를 파괴할 것을 짐작했기 때문이다. 그래서 지금도 임청각의 사당에는 위패가 없다. 위패 없는 사당 앞에서 유학정신을 반추하면서 옷깃을 여미는 사람은 없다. 그러한 사연을 알지 못하기 때문이다. 그렇기 때문에 대저택과 아름다운 군자정은 고성이씨 문중의 문화적 내용물이 없이 다만 하룻밤 자고 가는 나그네의 침실로 변했고, 선비의 철학적 자세를 상징하는 네모난 연못과 위패 없는 사당과 일제에 의하여 두 동강 난 거대한 종택의 정원이 지니고 있는 역사적 의미는 설명해 주는 이 없이 허공에 날리고 있을 뿐이다. 빈 곳은 채우고 잃어버린 이야기는 다시 찾아와서 하나의 체계를 이루어 문화적 의미를 되살려야 한다. 그리고 그 문화는 한국적인 동시에 세계의 보편적인 가치를 담고 있다. 이를 재생하기 위해서는 재정적인 뒷받침이 필수적이지만 그 이전에 이에 대한 사회적 인식이 제고되고 인력이 확보되어야 한다.

퇴계종가는 도산서원의 뒤편 산자락에 은일하여 있다. 그러나 주위에는 매화원을 너머 계상서당이 복원되어 있고 선비수련원과 멀리 퇴계 이황의 묘소가 있다. 약간 떨어진 온혜마을에는 큰집인 노송정과 그 마을이 있다. 퇴계선생이 도산서원에서 강변을 따라 걸었던 자취를 잇는 "예던 길"이 정비되면 자연 풍광뿐만 아니라 좋은 유교 및 한국문화의 체험의 세계가 되는 것이다. 현 종손은 "추월한수정"에서 퇴계 이황이 확립한 조선 유교의 수기지학을 전하기 위하여 붓글씨를 써서 방문하는 사람에게 나누어 주고, 그 글씨에 담긴 도학의 뜻을 설명해 준다. 사람들은 물건 보는 듯한 시선으로 고택을 둘러보는 것에서 나아가 유교의 생활문화와 정신을 접하게 되는 것이다.

이로부터 우리는 종가 혹은 종택 하나에 초점을 맞춘 문화설명을 하는 것에서 벗어나서 전체 문화경관 속에 종가를 위치 지어야 함을 알 수 있다. 하나의 예로써 안동 서후면 금계리는 학봉종가가 대표적으로 지적된다. 그러나 금계리 전체가 장씨 종가와 변씨 종가를 비롯하여, 창열서원과 석문정과 임천서원 등으로 연결되어서 하나의 작은 유교문화권을 형성한다. 여기에 삼태사의 묘소와 봉정사까지 연결하면 완벽한 하나의 조선 전통 문화권의 재생을 볼 수 있다. 이러한 얼개 속에 각각의 종가가 살아 있는 의미를 주는 것이다.

여기에 덧붙여서 종가를 중심으로 그 일대의 역사적 공간들이 학회나 수련의 장으로 활용되고, 잠깐의 여유를 가지고 전래되는 차와 약간의 음식을 맛보며 자신을 과거와 연결하여 성찰하는 문화적 경험을 갖게 한다면 종가문화는 진실로 살아 있는 문화로서 확립되고 한국인은 물론 외국인에게도 한국문화와 유교문화의 진미를 익히게 하는 장이 될 것이다.

제2장

종가문화의
현재적 의미와 과제

김미영
(한국국학진흥원 수석연구위원)

1. 종가의 생성과 전개, 그 역사적 변천

종가宗家의 사전적 정의는 '한 문중에서 맏이로만 이어 온 큰집'
이다. 이에 따르면 문중의 시조로부터 장남 혈통으로 내려오면 자동적
으로 종가가 창출되는 셈이다. 하지만 이와 달리 현실에서는 좀 더 복
잡한 양상을 나타내고 있다. 종가가 형성되기 위해서는 몇 가지 자격
요건이 필요한데, 가장 기본적인 것은 부계혈족의식이다. 그런 다음
이를 토대로 재산의 장자우대상속과 조상제사의 장자단독계승이 수반
되어야 한다. 그래야만 '장남 혈통'이라는 차별화된 정체성을 확립할
수 있기 때문이다. 우리나라의 경우 재산상속과 제사계승에서 차남 이
하의 아들에 비해 장남을 우대하기 시작한 것은 조선 후기부터이다.
즉, 성리학이 본격적으로 확산되는 18~19세기에 이르러 유교의 친족
이념인 '종법宗法'에 입각한 장남 우대 관행이 비로소 정착하게 되는
것이다. 그러면서 사회 전반으로 종가에 대한 인식이 형성되는 시기
등을 감안할 때 종가의 역사는 길어야 200~300년 정도인 셈이다.

종가의 생성 배경인 종법은 주나라의 분봉제分封制에서 유래했다.
당시 천자와 제후는 종법의 규정 대상이 되지 않았으며, 제후의 적장
자 이외의 아들이 별자別子(경대부)의 자격으로 대종大宗의 시조가 되었
다. 이를 별자종법이라고 하는데,[1] 『예기』의 「대전大傳」과 「상복소기喪

---

1) 이영춘, 「종법의 원리와 한국사회에서의 전통」, 『가족과 법제의 사회사』(한국사
회사학회, 1995), 24쪽.

服小記」에 수록되어 있다.

> 별자別子는 조祖가 되고, 별자를 계승하는 자는 대종이 되며, 아
> 버지를 잇는 자는 소종이 된다. 백세가 지나도록 옮기지 않는 종
> 이 있고, 5세를 넘기면 옮기는 종이 있다. 백세가 되어도 옮기지
> 않는 종은 별자의 후손(적장자)이니, 별자를 잇는 자의 시조를 종
> 宗으로 하는 자는 백세토록 옮기지 않는 것이다. 고조를 잇는 자
> 를 종宗으로 하는 자는 5세가 되면 옮기는 것이다. 조상을 존중하
> 는 까닭에 종자를 공경하니 경종敬宗은 조상을 높이고자 하는 것
> 이다.

내용을 보듯이 대종이란 제후의 적장자 이외의 아들인 별자를 시
조로 삼아 적장자 혈통으로 무한히 이어지는 가계家系를 말한다. 이에
반해 소종小宗은 대종에서 갈라져 나온 것으로, 적장자 자손의 남동생
들이 형성한 가계이다. 이때 대종의 시조인 별자는 백세百世를 넘겨도
제사를 받을 수 있는 이른바 백세불천百世不遷의 자격을 부여받는 반
면, 소종의 시조는 오세즉천五世則遷의 원칙에 의해 5세를 넘기면 제사
의 대상에서 벗어난다. 이로써 대종은 영구히 지속되지만, 소종은 4세
까지의 친족만을 포함하는 유동적인 혈통집단이 된다. 이처럼 주왕실
의 봉건체계는 정치적 주종 관계뿐만 아니라 혈통을 기반으로 대종과
소종을 구성했는데, 이를 통해 혈연적·신분적 지배질서를 보다 확고
하게 수립할 수 있었다.[2]

별자종법에서 보듯이 종가의 형성에 필요한 핵심적 요소는 장남 혈통을 우선하는 장자우대관념이다. 이런 이유로 종법에서는 별자를 중심으로 그의 적장자들이 혈통을 계승하도록 했던 것이다. 종가의 형성에 필요한 두 번째 핵심 요소는 종宗을 수립할 수 있는 자격을 갖춘 시조이다. 만약 그렇지 않고 종가란 '한 문중에서 맏이로만 이어 온 큰 집'이라는 포괄적 정의를 내리면, 그야말로 본계本系에서 갈라진 마디의 수만큼 종가가 생겨나게 된다. 그러므로 '일정 자격을 갖춘 시조로부터 맏이로만 이어 온 집'이라는 제한적 정의가 필요하다.

여기서의 일정 자격이란 백세불천, 곧 '불천위'를 뜻한다. 즉 불천위는 대종大宗, 곧 독립된 파派를 형성할 수 있는 자격요건이다. 그렇다면 누가 이 자격을 부여받았을까? 중국의 주나라에서는 제후의 적장자 이외의 아들로 태어난 별자가 해당된다. 우리나라의 경우 신라에서는 삼국통일을 이룩한 태종무열왕 김춘추가 불천위로 모셔졌으며, 고려에서는 건국시조인 태조 왕건을 비롯해 개국 직후 나라의 기틀을 잡은 혜종과 거란의 침략을 물리친 현종이 불천위이다. 조선은 유난히 불천위가 많았다. 태조를 제외하고 고종 이전에 15명의 불천위(태종, 세종, 세조, 성종, 중종, 선조, 인조, 효종, 현종, 숙종, 영조, 정조, 순조, 문조, 헌종)가 있었다. 원래 불천위는 현재 임금으로부터 5대조가 되어 정전正殿에서 영녕전으로 신주를 옮겨야 할 때 조정 신료들의 공론에 의해 결정되었

---

2) 이춘식, 「西周 종법봉건제도의 기원문제」, 『동양사학연구』 26(동양사학회, 1987), 28쪽.

다. 대개 예조나 신료들이 불천위로 추대할 것을 임금에게 요청하면, 임금이 대신이나 백관들과 상의하는 절차를 밟았다. 이들 모두 동의를 하면 해당 임금은 불천위로 모셔졌던 것이다.

이처럼 주나라의 별자와 우리나라의 왕들에게 부여된 불천위는 왕족의 혈통을 기반으로 하고 있지만, 일반 사대부들이 불천위로 추대되는 경우도 있었다. 이와 관련된 내용이 『세조실록』에 실려 있다.[3]

> 본조本朝의 개국공신開國功臣 · 정사공신定社功臣 · 좌명공신佐命功臣 · 정난공신靖難功臣 · 좌익공신佐翼功臣 등은 용호龍虎가 풍운을 만난 것처럼 명군明君을 만나 용의 비늘을 끌어 잡고 봉황의 날개에 붙듯이 영주英主를 섬겨 그 조그만 공로를 펴게 되었는데, 성조聖朝에서는 이미 옛날의 땅을 나누어 봉해 주는 제도에 의거하여 군君을 봉하고 작爵을 내려 주었으며, 자손이 승습承襲하여 토전土田을 주고 장획臧獲(노비)도 주며, 자음資蔭(음직)은 자손에게 미치고, 은유恩宥(죄를 용서하는 일)는 영세永世에까지 미치니, 이것은 곧 가문을 일으킨 시조이므로, 선유先儒의 이른바 처음 봉해진 자(始封)가 이것입니다. 지금 개국공신 · 정사공신 · 좌명공신 등은 이미 자손이 소원疏遠해져서 제사를 드리지 못하게 된 사람도 있는데, 그 자손이 대대로 조상의 음덕을 계승하여 그 토전土田에 생활하고 그 노비를 사역役使하고 있는데도 그 조상의 소

---

3) 『세조실록』 7, 3년(1457 丁丑) 3월 21일(甲申).

자출所自出(근본)에 제사 지내지 않는 것은 옳지 못한 일입니다.
이것은 다름이 아니고 일정한 제도에 국한되어 변통할 수 없기
때문입니다. 5공신⁴의 자손으로 하여금 삼묘三廟 이외에 별도로
일실一室을 만들어 제사를 받들게 하여, 성조聖朝의 덕 있는 이를
높이고 공 있는 이에 보답하는 은전恩典을 넓히게 하소서.

당시 예조에서 올린 상소의 결과, 1457년(세조 3)에 개국공신(39
位) · 정사공신(18位) · 좌명공신(38位) · 정난공신(37位) · 좌익공신(41位)
등 173위位의 불천위를 추대했다. 이로써 이들 공신은 자손대대 '백세
불천'으로 받들어지게 되었다.⁵ 공신으로서의 불천위는 국가 차원에서
규정해 두었는데, 관련 내용이 『경국대전』「예전禮典」에 실려 있다.

봉사조奉祀條 : 처음으로 공신이 된 자는 제향 대수代數가 지나더
라도 불천위로 하여 따로 일실一室을 세워 계속 봉
사한다.

내용을 보듯이 공신 책봉과 동시에 불천위로 추대되었으며, 자손

---

4) 조선의 개국공신, 제1차 왕자의 난의 정사공신, 제2차 왕자의 난의 좌명공신, 세조
의 왕위 찬탈을 도운 정난공신, 1455년 세조의 즉위에 공을 세운 좌익공신을 말함.
5) 참고로 태조에서 영조에 이르기까지 21회의 공신책봉이 있었는데, 모두 705명에
달했다.

들은 그를 시조로 삼아 대종을 이루었다. 이와 달리 학자의 자격으로 불천위가 되기 위해서는 문묘文廟에 배향되어야 했다. 이곳에는 유학의 학통을 계승하여 훌륭한 학문적 업적을 남긴 18명의 학자를 모셨는데, 이들을 통상 '동방 18현'이라 한다. 혹은 학문으로 공적을 세웠다고 해서 '문묘배향공신'이라고도 한다. 신라의 설총, 최치원, 고려시대 안향, 정몽주, 조선시대 김굉필(단종~연산군), 정여창(세종~연산군), 조광조(성종~중종), 이언적(성종~명종), 이황(연산군~선조), 김인후(중종~명종), 이이(중종~선조), 성혼(중종~선조), 조헌(중종~선조), 김장생(명종~인조), 김집(선조~효종), 송준길(선조~현종), 송시열(선조~숙종), 박세채(인조~숙종) 등이다.[6]

　　이처럼 원래 불천위는 국가로부터 부여받는 것으로, 조선 초중기에는 공신과 문묘배향인물을 중심으로 이루어졌다. 그러다가 부계혈통의 친족체계가 정착되어 수적으로 크게 확대되면서 공신 외에도 학자와 관료 중에서 국가나 지역사회에 큰 업적을 남긴 인물을 대상으로 불천위가 내려지게 되었다. 즉 해당 인물이 죽은 후 학행이나 공적이 기릴 만한 가치가 있다고 평가되면 임금의 명으로 시호諡號를 내리고, 자손에게 영구히 모시도록 했던 것이다. 이런 과정을 통해 불천위로 추대된 인물의 위패(혹은 신주)는 대상에 따라 종묘宗廟, 문묘文廟, 가묘家廟에 봉안된다. 종묘는 왕이나 왕족의 위패를 모시는 사당이고, 문묘

---

6) 괄호 안은 해당 인물들이 활동한 시대임.

는 유학의 종통을 세운 인물들의 위패를 모신 사당이다. 가묘家廟는 일반 사대부가의 사당으로, 4대조상의 신주가 봉안된 곳이다. 불천위 조상의 경우에는 별묘別廟를 따로 세우거나 기존의 가묘에 일실一室을 추가하여 모신다.

그런데 공신, 문묘배향, 시호 등을 계기로 국가 차원에서 불천위의 특전을 받았던 것이 후대로 내려갈수록 변질되는 양상을 보인다. 당시의 상황에 대해, "조선시대 종법의 가장 큰 특징은 대종과 소종의 구분이 지켜지지 않고 현조顯祖를 중심으로 결집하여 가문을 과시하려고 했기 때문에 국가로부터 불천위의 특전을 받지 않아도 스스로 백세불천의 종宗을 이룬 경우가 많았다는 점이다"[7]·"국가로부터 대종으로 인정받지 않았음에도 임의로 중시조를 세워 백세불천의 종宗으로 삼는 경우도 나타나게 되었다. 이는 국가에서 의도하는 종법과 현실에서 행해진 종법 사이의 괴리를 보여 주는 것이며, 조선 후기로 내려오면서 필요 이상으로 종법제가 심화된 현상을 드러내 주는 것이다"[8]라는 지적이 있다.

이들이 공통적으로 지적하고 있는 점은 '불천위 남설'의 문제이다. 사실 항간에서 말하는 국불천위國不遷位나 향불천위鄕不遷位, 사불천위私不遷位 등은 편의적 구분에 불과할 뿐 공식적으로 규정된 정식

---

7) 정긍식, 「조선초기 제사승계법제의 성립에 관한 연구」(서울대학교 박사학위논문, 1996), 142쪽.

8) 이순구, 「조선초기 종법의 수용과 여성지위의 변화」(한국학중앙연구원 한국학대학원 박사학위논문, 1994), 38쪽.

용어는 아니다. 추대 경로를 구분하기 위해 생겨난 명칭인 셈이다. 국불천위는 말 그대로 국가 차원에서 부여하는 것으로, 불천위의 원래 유형이다. 향불천위는 지역유림의 공론을 거쳐 모시며, 사불천위는 해당 인물이 속한 문중의 중론을 모아 추대한 것을 말한다. 특히 최근에는 가불천위家不遷位라고 해서 가까운 집안(堂內)사람들이 합심하여 추대한 불천위도 나타날 정도이다. 이처럼 불천위 명칭이 점점 다양해지는 까닭은 그만큼 불천위 남설 문제가 심각한 수준에 이르렀기 때문이다.

2. 종가의 범주, 제도와 통념을 아우르는 공통분모

한국국학진흥원에서는 2014년부터 '한국의 종가문화 조사활용사업'을 진행하고 있다. 보존 및 계승 가치를 지닌 종가문화를 조사·발굴하여 현대적으로 활용한다는 목적에서 출발한 사업이다. 그런데 전국 종가 분포 현황 조사에 착수하기 전, 뜻하지 않은 문제에 직면했다. 다름 아닌 종가의 범주를 설정하는 일이었다. 물론 제도적(이론적) 측면에 근거해서 '종宗(派)을 형성할 수 있는 자격(불천위)을 갖춘 인물을 시조로 삼아 장자혈통으로 내려온 집'이라는 설정이 가능하지만, 불천위를 둘러싼 지역 간 견해 차이가 의외로 심각했다.

【표 1】은 2016년 7월 기준으로 집계된 현황 자료이다. 내용에 따르면 경북지역에 비해 여타 지역의 불천위 분포가 현저하게 낮은 수치를 보이고 있는 점이 주목된다. 이를 경북의 뿌리 깊은 유교적 성향의

【표 1】 전국 불천위 분포 현황

전체	서울	강원도	경기도	경상 남도	경북· 대구	전남· 광주	전북	충남· 대전	충북
476	47	5	109	25	196	8	25	48	13
100%	10%	1%	23%	5%	41%	2%	5%	10%	3%

산물이라고 해석할 수도 있으나, 수치에 가려진 행간의 문맥이 담고 있는 의미는 그리 간단하지 않다. 즉, 경북과 달리 여타 지역에서는 향불천위나 사불천위가 극히 드물게 나타난다는 사실이다. 따라서 이런 상황에서 불천위 중심으로 종가의 범주를 설정하면 지역 간 형평성 논란이 제기될 수도 있고, 또 경북을 제외한 나머지 지역에서는 조사 대상으로 삼을 종가의 숫자가 턱없이 줄어든다는 문제가 발생한다.

이런 이유로 종가의 범주 설정에는 제도적 측면[9]과 더불어 사회적 평가도 함께 고려할 필요가 있다. 실제로 제도적 규정에 부합하더라도 지역사회에서 종가로 평가하지 않는 경우가 있는가 하면, 제도적 규정에는 해당하지 않지만 종가로 인정받는 사례도 적지 않다. 이러한 경향은 전국에서 가장 많은 불천위 종가를 보유한 경북지역에서도 나타나는 현상으로, 이는 곧 종가에 대한 사회적 평가의 기준에는 불천위 이상으로 요구되는 자격요건이 존재하고 있음을 시사하는 것으로 볼

---

9) 종법에 근거하여 宗(派)을 형성할 자격(불천위)을 갖춘 인물을 시조로 삼아 장자로 내려온 집을 말한다.

수 있다.

그렇다면 사회적 평가의 기준으로서 종가의 자격요건은 무엇일까? 물론 여기에도 지역별 편차가 크게 나타나지만, 지역을 아우르는 공통분모가 존재한다. 다름 아닌 '현조顯祖를 중심으로 한 가통家統의 전승'이다. 이때의 현조란 가문의 중흥에 크게 이바지한 중시조로, 학문적 성취와 도덕적 품격에 의해 사회적으로 높이 평가받는 인물이다. 가통은 가문의 문화적 전통을 말한다. 주로 학문적(學統) 및 사회적(官職) 성취물인 각종 기록문화, 올곧은 정신을 강조하는 가훈 · 일기 · 편지 등의 규범문화, 고택 · 사당 · 서원 · 정자 · 재실 등 건축문화, 검약과 절제의 선비정신을 담고 있는 의례와 음식 등의 생활문화, 종가의 존재기반으로서의 종회와 족계 등의 조직문화가 해당되는데, 이들 대부분 학문적 성취를 이루고 도덕적 품격을 갖추고 있는 현조에 대한 자긍심을 토대로 형성되는 것이 특징이다. 이로 볼 때 종가란 가문을 대표하고 상징하는 현조를 중심으로 장자계열로 내려오면서 가문만의 독창적인 문화적 전통을 형성하여 오늘날까지 전승해 온 경우라고 정리할 수 있다. 다만 문제는, 현조의 범주를 설정하는 일 또한 그리 간단하지 않다는 점이다. 즉, 가문 안에서 내세우는(가문의 평가) 현조와 가문 밖에서 제시하는(사회의 평가) 현조의 기준에 간극이 자리하고 있는 것이다. 그런데 종가의 자격요건에 공통분모가 존재하듯이, 현조의 경우에도 공통분모를 찾을 수 있다.

첫째는 불천위이다. 즉, 불천위로 추대된 조상을 현조로 평가 · 인식하는 것이다. 물론 앞서 지적했듯이 불천위 역시 추대 경로(국불천위,

향불천위, 사불천위 등)에 따라 사회적 평가가 달라지는 까닭에 일률적으로 적용시키는 데에 어려운 점이 있지만, 현조로서의 구성요건은 일단 구비하고 있는 셈이다.

둘째는 시호諡號이다. 시호는 조선 초기까지만 하더라도 정2품 이상의 문무관과 공신에게만 주어졌으나, 후대로 내려오면서 학덕이 높은 선비에게도 내려졌다. 따라서 관직이나 학문으로 시호를 받는다는 것은 개인과 가문의 더없는 영예로 여겼다. 이런 배경에서 시호를 내려 받으면 불천위로 추대할 기본 요건을 갖춘 것으로 인식되기도 했다. 그렇다고 해서 시호가 곧바로 불천위로 연결되지는 않는다. 실제로 안동지역 불천위 인물 50명 가운데 시호를 받은 경우는 12명으로 집계되고 있다.[10] 또 시호를 받았다 하더라도 불천위로 추대되지 않은 경우도 적지 않다. 아무튼 불천위 여부와 상관없이 시호는 현조로서의 자격요건으로 간주되는 것이 공통된 견해이다.

셋째는 문묘 및 서원배향이다. "정승 3명보다 대제학 1명이 낫고, 대제학 3명보다 문묘배향 1명이 낫다"는 향언鄕諺이 있듯이, 대체로 학문적 성취를 이룬 조상을 현조로 삼는 경향이 강하다. 특히 문묘배향 인물을 '문묘배향공신'이라 하듯이 배향인물 18명 모두 해당 가문에서 불천위로 모셔져 있는데, 이로써 현조로서의 조건은 충분히 갖추고 있는 셈이다. 또 중앙의 문묘배향에는 미치지 않지만, 지역의 서원배

---

10) 김미영, 「불천위 추대 기준에 대한 제도적·담론적 고찰」, 『국학연구』 17(한국국학진흥원, 2010), 411~414쪽.

향 역시 학문적 성취의 결과로 간주하고 있기에 현조의 자격요건으로 평가되고 있다. 그 외 정치적 위상[11]과 도덕적 품격(청백리 등)도 포함되기도 하는데, 아무튼 현조로서의 자격을 갖추기 위해서는 위의 요건 중 한 가지는 충족해야 하는 것으로 인식하고 있다.

현조顯祖는 가통家統의 수립과 밀접한 관계가 있다. 앞서 거론한 현조로서의 자격요건이 말해 주듯이 이들 대부분이 사회적으로 높이 평가받는 인물이었기에 학문, 정신, 생활규범 등에서 긍지의 원천이 되었다. 즉, 현조는 존숭의 대상이면서 동시에 종가를 비롯한 문중의 존재기반이 되었는데, 이는 곧 가문의 대외적 위상을 높이는 필수 요소로 작용했다. 이에 자손들은 현조의 삶과 정신을 이어받아 가문의 독자적인 문화자산을 구축·계승함으로써 이른바 가통家統을 수립해 가는 것이다.

그런가 하면 가통의 형성과 계승은 역사성을 담보 받아야만 실현 가능하다. 즉, 가통의 원천이 되는 현조를 중심으로 가계家系를 단절시키지 않고 영구적으로 이어 감으로써 가문의 문화적 전통을 세울 수 있는 것이다. 일반적으로 문화의 독자성 확보에는 약 300년의 기간이 소요되는 것으로 보고 있다. 대략 1대代를 30년으로 계산할 때, 현조 이후 10대를 거치고 나서 가문의 독자적인 가통이 형성되는 셈이다. 이는 종가 범주의 설정 기준인 종가의 역사와 직결되는 문제이기도 한데, 이것 역시 지역적 편차가 심한 편이다. 예를 들어 종가의 전승이 비

---

11) 대개 당상관 이상 혹은 정2품 이상의 관직이 해당된다.

교적 잘 이루어지고 있는 경북지역 등에서는 현조 이래 10대 이상이라는 견해가 보편적이고, 여타 지역에서는 7대 이상 정도로 기준을 잡고 있다.

결국 이로 볼 때 종가의 구성 요소는 현조를 중심으로 장자계열로 이어 온 혈통적 요소(혈통자본), 현조를 비롯해 학문과 관직 등에서 저명 인물을 꾸준히 배출해 온 사회적 요소(사회자본), 가문의 독자적인 문화인 가통家統을 구축하여 지속적으로 계승해 온 문화적 요소(문화자본) 등으로 요약될 수 있다. 덧붙여 종가를 지원하고 숭조사업을 활발히 전개하는 문중의 존재 또한 종가의 주요 구성 요소로 거론된다. 특히 종가에 대한 사회적 평가는 종가 자체보다는 이를 지탱하는 문중조직의 규모나 활동력 여하에 의해 이루어진다는 점을 감안할 때 문중의 중요성은 더욱 강조된다. 문중의 주된 존재기반은 위토位土(혹은 여타 경제적 기반)이다. 일반적으로 경제적 기반이 확고할수록 문중의 결속력과 지속력이 강화되는 경향을 보이는데, 이러한 문중의 결집력은 종가의 지속적 발전을 위한 토대로 작용한다.

3. 종가의 현주소, 지속과 변화

종가문화에 아무리 소중한 의미와 가치가 담겨 있더라도 전승기반이 확보되지 않으면 계승의 길은 그야말로 요원하다. 종가문화의 전승기반을 이루는 핵심적 요소는 사람, 곧 종손과 지손支孫이다. 즉, 지손들의 구심체로서 종손이 종택에 거주하면서 현조顯祖 이래 조상 대대로 이어 온 문화적 전통을 지키고 있어야 전승이 지속될 수 있는 것이다. 하지만 도시화가 급격하게 진행되면서 종족 성원들이 도시로 이주함에 따라 문중조직의 기반이었던 종족마을(집성촌)이 해체의 위기를 맞게 되었으며, 또 종손마저도 타지로 이거하면서 종가문화의 전승이 어려움에 처해 있는 실정이다.

【표 2】를 보면 현재 경북지역(대구 포함) 181종가 가운데 종손이 종택에 거주하는 경우는 약 절반가량인 49%로 나타났다. 지손들의 구심체 역할을 수행해 온 종손의 부재不在는 종족의 결속력 약화로 이어질 가능성이 있으며, 이로 인해 종가의 존재기반마저 상실할 수 있다. 이런 상황에서 문중은 종손 대신 종택을 관리하는 체제를 갖추는 등 나름의 자구책을 모색하고 있지만, 이는 어디까지나 건축물의 외형 관리

【표 2】 경북지역 종손의 종택 거주 현황 (2016년 7월 기준)

전체 (181)	경산 (1)	경주 (8)	고령 (3)	구미 (8)	군위 (4)	김천 (4)	문경 (3)	봉화 (16)	상주 (14)	성주 (11)
89	1	5	1	2	2	4	1	6	9	5
49%	100%	63%	33%	25%	50%	100%	33%	38%	64%	45%
	안동 (48)	영덕 (7)	영양 (5)	영주 (15)	영천 (10)	예천 (8)	울진 (3)	의성 (6)	청도 (2)	칠곡 (5)
	26	3	2	6	2	3	3	5	0	3
	54%	43%	40%	40%	20%	38%	100%	83%	—	60%

에 불과할 뿐 종가(종손)를 중심으로 이어 내려온 문화적 전통의 계승은 기대하기 어렵다.

종손의 부재 현상은 또 다른 유형으로도 나타난다. 이른바 종손 스스로 본인의 책무를 내려놓는 경우인데, 이들 대부분 종교적인 이유 때문이다. 구미 소재 A종가의 종손은 2000년대 초반 기독교 신자가 된 이래 불천위 제사를 비롯한 조상제사의 수행을 거부해 왔다. 직계 형제들을 비롯해 지손들의 강력한 만류에도 불구하고 종손의 제사 수행 거부는 계속되었으며, 이후에는 문중 출입조차 하지 않게 되었다. 그러다가 약 8년 전부터 종손의 아우 B씨가 종손을 대신해 초헌관으로서 조상제사를 주관하는가 하면, 사당과 정자를 비롯한 유적 관리를 해오고 있다. 주목되는 점은 최근 문중에서 B씨를 '봉사손奉祀孫'으로 공식 인정했다는 사실이다. 즉, 종손이 아닌 관계로 '종손'이라는 호칭은 사용할 수 없지만, 실질적인 종손 역할(봉제사)을 수행하고 있다는 이유로 '봉사손'으로 명명한 것이다.

> 사당 관리도 내가 하고 ○○정사도 내가 관리하고 있지요. 나중에는 우리 아들이 다시 봉사손이 되겠지요. 유가의 법도는 잘 모르겠지만…… 나도 봉사손이란 걸 처음 해 보잖아요. 참 팔자에 없는 일을 하다 보니까 어떻게 될지 잘 모르겠네요. 사람들이 형님을 종손으로 인정하지 않으니 나도 어쩔 수 없는 노릇이지요. 하지만 법적으로 "너는 종손이 아니다"라고 말할 수 있는 것도 아니고…… 아무튼 내가 봉사손으로 추대되어 있지만, 집안사람

들은 나를 '종손! 종손!' 이라고 불러요. 뭐, 요즘 세상에 그거 가지고 시비할 필요도 없고, 또 우리가 재산이라도 있어서 그거 가지고 문제 일으킬 것도 없고 하니까요. 근데 한편으로는 이런 생각도 들어요. "니 아무리 종손이라 해도 어느 누가 너 보고 종손이라고 하겠노?" 라고 말이지요. 종손이 중요한 게 아니고 형님이 역할을 안 하니 내가 대신 한다는 생각이지요. 앞일이 걱정은 걱정이지요.……

종손의 역할 포기 현상과 더불어 역할 축소 현상도 눈여겨볼 만하다. 전자가 종손 스스로 자신의 역할을 포기하는 것이라면, 후자는 외부에 의해 종손의 역할이 축소되는 것을 말한다. 이때의 외부란 문중(혹은 종친회)을 말한다. 전통적으로 종가의 지속과 발전을 위해 보종補宗 역할을 수행해 오던 문중이 종손을 제치고 전면 등장하여 그 역할을 대신하는 것이다. 이런 현상은 대도시로 갈수록 두드러지게 나타나는데, 초래 원인은 대개 두 가지로 정리된다. 첫째는 혈족의식 및 전통가치관의 쇠퇴로 공동체 의식이 미약해졌으며, 이는 결국 혈연공동체의 중심에 자리하고 있는 종가와 종손의 존립 기반 약화로 이어졌다는 점이다. 둘째는 문중조직의 역할 강화로 인해 종손의 존재가 상대적으로 위축되었다는 사실이다. 이는 문중재산의 증가와 밀접한 관계를 갖고 있는데, 문중 소유의 임야와 전답이 도시개발에 편입되어 거액의 보상금을 받아 재산 규모가 커지면서 문중의 조직력과 세력이 점차 확장되어 가는 것이다. 이처럼 재산을 기반으로 대내외적으로 세력을 확보한 문중조직은 자체 선출한 임원을 중심으로 재산 운용을 비롯한 각종 숭조사업을 전개해 나간다. 따라서 종손의 역할이 그만큼 약화되지 않을 수 없다. 이런 상황에서 종손은 불천위 제사나 묘사 등에 초헌관으로 참여하는 역할에만 머물러 있는 것이 보편적 경향이다.

문중의 역할 강화에 따른 종손의 역할 축소는 장기적으로는 종가의 존재기반 소멸로 이어질 가능성이 크다. 대표적인 예로 절손絶孫된 종가의 혈통을 잇지 않고 문중이 그 역할을 대신하는 경우를 들 수 있다. 구미 소재 A종가의 시조는 '고려 삼은三隱'에 속하는 인물로, 불천위로 추대 받았다. 1990년 무렵 19대 종손이 후사를 잇지 못한 채 세상을 뜬 후 지금까지 종손을 추대하지 않고 있다. 현재 종택을 비롯한 관련 재산은 문중 소유로 되어 있으며, 종택 관리와 운영에 소요되는 비용은 위토로 충당하고 있다. 또 종손의 주된 책무인 봉제사접빈객의 역할은 문중 회장(도유사)이 수행하고 있다. 불천위 제사를 비롯해 설과 추석의 차례 역시 문중에서 주관하며, 초헌관은 항렬이 높은 사람이 담당한다. 문중에서는 "지금 시대에 양자로 들어올 사람도 없고, 또 종손 교육도 시키기 어렵다"는 이유로 향후에도 종손을 추대하지 않을 예정이다. 그러면서 "우리 모두 종손 없이도 조상을 잘 받들고 종가도 잘 관리할 수 있다는 마음가짐으로 임하고 있다"고 덧붙였다.

전통적으로 보종補宗은 문중의 주된 역할이었다. 그리고 보종 가운데 가장 주요 임무는 종가의 혈통을 보전, 곧 후사後嗣를 잇는 일이었다. 이런 이유로 문중은 혈통의 정통성을 확보하기 위해 종손의 혼인에까지 깊숙이 관여하는가 하면, 절손의 위기에 처했을 때는 양자를 들이는 일에도 적극 나섰다. 하지만 전통가치관의 쇠퇴로 인해 종가에 대한 인식이 약화되면서 문중의 전통적 역할이었던 보종관념 또한 자취를 감추어 버렸다. 즉, 혈족 중시의 관념 대신에 물질 중시의 관념이 자리 잡으면서 혈족집단으로서의 성격을 강하게 지녔던 문중이 사회적 집단으로 점차 변모해 가는 것이다. 특히 이런 경향은 거액의 재산을 기반으로 문중회관을 건립하고, 서원을 중건하고, 조상 묘소를 정비하면서도, 퇴락한 종택은 그대로 방치해 두는 모습에서 엿볼 수 있다. 따라서 '종가의 역할을 문중(종친회)'이 대신하고, '종손의 책무를 문중 회장'이 수행하고, '종택 중심의 모임을 재실齋室'에서 개최하는 일련의 현상 역시 이와 동일한 맥락에서 해석할 수 있을 듯하다.

4. 종가문화, 인문적 가치의 옷을 입다

종가는 혈족의 뿌리를 간직하고 있다는 점에서 후손들의 정체성 확보를 위한 주된 요소로 인식되어 왔다. 또 후손들은 사회적으로 높이 평가받는 현조顯祖를 통해 가문에 대한 자긍심을 가져왔으며, 이는 곧 스스로의 품격을 높이는 일이기도 했다. 대개 종가의 현조는 학문적·사회적 성취를 달성하고 도덕적 품격을 갖춘 경우가 대부분이다. 실제로 경북지역 종가에서 모시고 있는 불천위 인물의 면면을 살펴보면, 학문적·사회적 성취에 의해 공신에 책봉되거나 시호를 내려 받거나 서원과 사우에 제향되는가 하면, 청렴을 바탕으로 청백리에 녹훈되고 자기희생적 자세로 백성을 사랑하고 효심이 지극하여 효행자로 칭송받는 등 그야말로 높은 도덕적 품격에 의해 지역사회의 사표師表가 된 경우가 적지 않다.[12]

그런데 현조의 존재 자체만으로는 종가의 문화적 전통을 수립하기 어렵다. 흔히 특정 가문이 간직하고 있는 오랜 문화적 전통을 '가통家統'이라고 통칭한다. 가통에는 학문적·사회적 성취물인 각종 기록문화, 올곧은 정신을 강조하는 가훈·일기·편지 등의 규범문화, 고택·사당·서원·정자·재실 등의 건축문화, 검약과 절제의 선비정신을 담고 있는 의례와 음식 등의 생활문화, 종가의 존재기반으로서의 종회와 족계 등의 조직문화가 해당되는데, 이들 대부분 학문적 성취를 이루고 도덕적 품격을 갖춘 현조에 대한 자긍심을 토대로 형성되는 것이 특징이다. 그런 다음, 자긍심의 원천인 현조의 유업을 받들어 지속적으로 계승·발전시킴으로써 비로소 가통이 확립되는 것이다.

이제 우리에게 남겨진 과제는, 종가의 문화적 전통에 독창성을 부여하는 일이다. 사실 종가가 주목을 받기 시작하면서 종가문화의 관광자원화가 발 빠르게 이루어지고 있는데, 가장 큰 문제점은 종가문화체험을 고택에서의 숙박 정도로만 인식하고 있다는 사실이다. 또한 지역소재의 종가를 보존·관리하는 지차체 역시 건축물로서의 종택이나 관련 유적 등 유형의 자산에만 주목할 뿐, 해당 종가가 보유하고 있는

---

12) 김미영, 「불천위, 德과 行을 갖추다」, 『불천위, 만리를 가는 사람의 향기』(2013 종가포럼, 한국국학진흥원).

무형의 콘텐츠에는 관심을 기울이지 않는다. 물론 뛰어난 건축물 자체만으로도 보존 가치와 의미를 지닌 문화자산이지만, 이로써는 종가문화의 독창성을 제대로 드러내기 힘들다.

그렇다면 종가문화의 독창성은 어떻게 확보할까? 그 중 하나가 종가문화에 깃든 인문적 가치를 발굴하는 일이다. 인문적 가치란 사람과 사람과의 관계, 사람과 자연과의 관계에 대한 깊은 성찰을 통해 인간으로서의 도리道理를 깨닫고, 그로부터 자신의 존재가치와 삶의 진정성을 밝혀 나가는 이른바 근원의 이치를 터득하는 것을 말한다. 이처럼 '인문'의 중심은 사람에 있고, 또 관계에 있다. '사람'을 뜻하는 '인간人間'이라는 단어는 '사람끼리'를 의미하는 것으로, '사이' 곧 관계를 말한다. 인간을 '관계적 동물'이라 하듯이, 우리는 주변과의 관계를 통해 자신의 존재가치를 발견하고 정체성을 수립해 간다. 하지만 오늘날 우리 사회는 어떠한가? 사람은 없고 물질만 부각되는 사회, 관계는 없고 개체만 떠도는 사회가 되어 버린 지 오래이다. 특히 우리는 근대로 접어들면서 물질 위주의 삶을 지향해 온 탓에 무수한 인문적 가치를 외면해 왔다. 그로 인해 오늘날 각종 사회문제에 시달리면서 그야말로 혹독한 대가를 치르고 있는 것이다.

종가는 현조顯祖를 중심으로 전해 내려온 인문적 가치를 간직하고 있는 곳이다. 따라서 종가의 문화적 전통에 담겨 있는 배경과 스토리 등을 발굴하여 가치와 감동을 안겨 줄 수 있는 콘텐츠로 개발할 필요가 있다. 종가문화의 스토리는 다름 아닌 '사람 이야기', 곧 현조를 비롯해 종가문화를 형성해 온 인물들의 삶에 깃들어 있는 감동적인 이야기를 뜻한다. 감동은 공감을 수반할 때 더욱 가치를 발한다는 점을 감안할 때 누구나 공감할 수 있는 일상적 삶의 이야기는 훌륭한 콘텐츠 소재이다. 이때의 '이야기'는 무형의 형태로 전해지는 것도 있고, 또 건축물이나 음식 등과 같이 유형의 자산에 인문적 이야기를 접목시킬 수도 있다. 이것이야말로 독창성을 지닌 차별화된 종가문화이면서 사람이 중심에 놓이는 종가문화이다. 이로써 종가를 찾는 방문객들은 오직 이곳에서만 체험 가능한 종가문화를 접하면서 하룻밤의 고택숙박 체험 이상의 감동을 받게 될 것이다.

제3장

종가문화의 가치와
활용방안

이해준
(공주대학교 사학과 교수)

1. 친족제도의 변화와 '종가'

1) 조선시대 친족체계의 변화

종가의 종宗은 '마루' 혹은 '으뜸'을 지칭하는 것으로, 가문의 '상징, 대표, 종합'의 내용을 포괄하는 용어이다. 종가는 제례를 비롯한 각종 의례의와 건축, 음식, 구비문학 등 여러 방면에서 우리 전통의 맥을 잇고 있는 한국문화의 본향이라 할 수 있다. 그리고 종가문화는 항상 배려하고 나누면서 공동체를 이끌어 왔던 정신문화의 원천이기도 하였다.

흔히 조선시대는 '양반관료제', '사족지배체제'의 사회라고 일컫는데, 이는 바로 조선시대가 양반, 사족, 선비가 중심이 된 사회였다는 뜻일 것이다. 그리고 필자는 이러한 지배계층을 이루는 양반, 혹은 사족들의 문화를 보여 주는 근거들이 바로 유교문화유적이고 저명 인물들의 사상과 학문이며, 그들의 '생활문화를 고스란히 그리고 상징적으로 온축하여 보여 주는 것'이 바로 '종가, 종가문화'라고 생각하고 있다. 그리고 이러한 종가와 종가문화는 친족·종법 체계의 변화와 함께 시대별로 그 성격과 내용상 차이가 나게 마련이다.

조선 전기의 친족체계 : 조선 전기에는 고려의 불교의례와 내외친족內外親族이 망라되는 비종법적인 친족체제가 남아 있었다. 그리고 점차 성리학적 예제禮制로 변화되어 가는 과도기였다. 이러한 과도기적인 성격을 가장 잘 보여 주는 것이 혼인에 있어서의 남귀여가혼男歸女家婚이었다. 그리고 이 같은 혼인관습은 단순한 혼인의 습속으로 그치지 않고, 친족의 인식범위나 제사 및 재산의 상속 등 제반 사회관습에 작용하여 부처夫妻, 자녀子女, 친손親孫과 외손外孫을 동일시하는 '양계친족兩係親族 = 비부계친족체계非父系親族體系'를 존속하게 하였다. 그리하여 친족에 대한 호칭 구분에서도 내內·외外 친족親族을 '족族', '족친族親', '문족門族' 등으로 구분 없이 사용하였다.

이러한 조선 전기 친족 관행은 자녀균분상속子女均分相續과 윤회봉사輪廻奉祀를 가능하게 하였고, 자녀가 없어도 양자를 들이지 않았다. 자손이 없으면 그냥 '무후無后'라 칭해졌고, 사실상 대가 끊어지는 경우도 다반사였다. 그래서 외손봉사도 많았으며, 처가나 외가, 사위 집안이 모두 동족同族(異姓同族)이었다. 이 같은 모습을 적나라하게 보여 주는 자료가 바로 조선 전기 족보인 『안동권씨성화보安東權氏成化譜』(1476)와 『문화류씨가정보文化柳氏嘉靖譜』(1565)이다.

이들 족보들을 보면 딸과 외손에 대한 차별이나 아들을 통해 대를 잇는다는 의식이 후기보다 훨씬 적거나 없었음을 알 수 있다. 외손을 동성同姓 자손과 구별하지 않았음을 볼 수 있는 것이다. 즉 '부父-자계子系'와 '부父-여계女系'를 동일한 체계와 비중으로 기재하여 『안동권씨성화보』의 경우 안동권씨 족보임에도 실제로 안동권씨가 10%에 미만하는 이해하기 어려운 족보가 작성되었다.

조선 후기 친족체계의 변화: 일제 식민사학자들은 조선시대의 가족제도나 상속제도가 대체로 부계친족을 중심으로 하는 중국의 종법제도와 같은 형태로서 그것이 조선시대 전 기간 동안 남녀차별男女差別, 동성불혼同姓不婚, 이성불양異姓不養, 장자봉사長子奉祀, 대가족제大家族制 등과 같은 모습으로 일관된 것이었다고 파악하였다.[1] 그러나 이러한 이해는 1970년대 이후 이루어진 일련의 사회사연구에 의해 17세기 중엽을 전후로 전혀 다른 모습으로 변화되었음이 밝혀졌다.

즉 조선 전기의 친족 및 종법의식은 사족들의 성리학 이해가 심화되고 『주자가례』가 적극적으로 보급되면서 점차 변모하여, 인조반정 이후 조선의 예제가 종래의 부부夫婦, 부모父母, 자녀子女라는 수평관계에서 '부父─부夫─자子'를 중심한 가부장적 수직관계로 재편성됨으로써 부부夫婦, 부자父子, 군신君臣, 적서嫡庶, 주노主奴, 장유長幼의 철저한 상하上下・주종主從관계를 채택하면서 친족 및 종법체계로 변화한다.

이에 따라 상장례와 상속제, 입후・봉사 문제, 족보 편찬, 동족촌락 등의 변화가 이루어지고 동성혼同姓婚의 금지, 이성불양제異姓不養制의 정착, 자녀 차등분재差等分財, 윤회봉사輪廻奉祀에서 장자봉사로 변화되었다. 또한 봉제사 접빈객의 사조가 일반화하면서 봉사조奉祀條의 증가와 장자봉사로 인한 장자 상속분의 증가현상이 17세기 후반 이후 일반화하기 시작한다.

제사상속에서도 조선 전기의 윤회봉사가 17세기 말까지는 장자봉

---

1) 善生永助, 『朝鮮의 聚落』(조선총독부중추원, 1933); 『李朝의 財産相續法』(1936).

사와 공존하다가 18세기 초엽부터는 사라지고 있다. 가묘와 조상제사도 법제 정비 과정 속에서 보듯이 원래는 4대봉사가 아니었다. 그러나 17세기 중엽 이후의 예서들에서는 4대봉사와 주자가례와 같은 사당제를 일반적으로 채택하고 있다. 그리하여 조선 후기 친족체계는 조선 전기와는 기본적으로 다른 '내외친內外親이 망라된 양계친족兩系親族에서 적장자嫡長子 중심의 부계친족父系親族으로', '제사상속 및 분재 상에서 장자 우대의 경향', '족보의 선남후녀先男後女, 적서嫡庶 구분, 친족 수록 범위 축소', '입양제도의 일반화', '동족同族마을과 문중門中, 종가宗家의 형성 발달' 등의 모습으로 변화, 정착되었던 것이다.

　이러한 부계친 중심의 친족의식은 친족 범위를 동성동족 중심으로 축소시켜 족보의 기록 범위와 기록 방식도 변하게 만들었다. 조선 후기의 족보들은 조선 전기의 족보와 분명히 구별되는 특징을 보여 준다. 즉 17세기 후반 이후 간행되는 부계친족 중심의 족보들은 동성=동족이라는 관념이 확대되면서 대부분이 '상내약외詳內略外'를 표방한다. 그리하여 내외보內外譜에서 이성친이 배제되고 부계의 자손만을 선택적으로 기재하는 '성보姓譜'로 변화한다. 그리고 여계女系는 사위와 그 외손 1대에 한정하여 기록하는 경향이 일반적이었으며, 그 내용도 아주 간략하게 축약된다. 무후의 경우 양반들은 대부분 양자를 들이고 있었고, 제사와 상속에서도 장자의 몫과 역할이 점차 증대되는 경향으로 바뀐다.

2) 조선 후기의 '종가'와 '문중'

대종과 소종 : 일반적으로 대종大宗은 적장자손이 대대로 영원히 조상을 모시는 '백세토록 바꾸지 않는 종'(百世不遷宗)을 말하며 시조 이래의 모든 종족을 아우르는 중심이 된다. 이에 비하여 소종小宗은 별자로서 고조·증조·조부·부·자의 5대를 일족으로 하여 '5세五世로써 바꾸는 종'(五世而遷)이라고도 한다.

소종은 고조종高祖宗 혹은 '당내堂內'라고도 하는데, 흔히 일상용어로 '집안'이라 할 때 이 당내의 범위를 지칭하는 경우가 많다. 고조의 제사를 거행하기 위한 집단으로 범위는 삼종형제가 포함된다. 고조부까지의 위패는 고조종의 종가에 모시며 기제사忌祭祀에 제사를 행한다. 그러나 친진親盡(代盡)이 되면 위패를 묘소에 묻는데 이것을 '조매祧埋'라 한다. 매안을 한 조상에게는 기제사를 올리지 않고 1년에 한 번 대종에서 시제時祭를 지낸다.

불천위는 국가가 공신들에게 내려주는 것이 기본이지만, 서원과 향교에서 학덕이 높은 사람을 예조에 상소하여 타당성을 검증받은 뒤 불천위로 인정받는 향불천위鄕不遷位나, 문중 자손들이 뜻을 모아 불천위로 모시는 사불천위私不遷位도 일부 나타난다. 조상이 불천위로 추대되면 중시조中始祖가 되어 새로운 문중을 결성하는 계기가 되기 때문이다. 불천위 인물의 혈통을 계승한 집은 종가로 인정받아 사회적 위상과 기반을 공고히 할 수 있었다.[2]

대문중, 파문중, 소문중 : 종중宗中은 자손들이 조상제사 및 자체 결속력 강화를 위하여 구성한 조직으로, 조선 중기 이후 일반화되고 그 사회적 중요성도 강화되었다. 종중은 자손이 포함되는 범위에 따라 대문중大門中 · 파문중派門中 · 소문중小門中으로 구분 짓기도 한다.[3]

조선 후기 이래 일반화된 대종(대문중)은 시조 이래 전체를 집단화한 경우도 있지만, 특히 교통과 통신수단이 발달하지 않았던 전통사회에서는 여러 곳에 흩어져 있는 조상들의 묘소를 관리하고 제사를 일괄하기가 어려웠다. 이러한 조건과 환경 때문에 생긴 것이 친족제도상의 '파'이며 친족조직상으로는 '문중'이다.

그리하여 대부분 이들 '파派'가 대종의 역할을 한다. 파派란 고관대작이나 유명한 학자로서 이름을 널리 알린 조상 혹은 새로운 지역에 번성의 터전을 마련한 입향조 즉 파조派祖를 기점으로 형성된 친족집단을 말한다. 형제 중 한 사람이 유명하여 한 파의 파시조가 되면 그 형제들은 이것과 다른 파의 시조들이 되는 것이다. 파시조는 문중의 중심인물로, 파명派名은 파시조의 시호, 호, 관직, 후손집거지 등을 상징화하여 예컨대 '문정공파'(시호), '송암파'(호), '승지공파'(관직), '청양파'(지역) 등으로 부른다.

---

2) 한국국학진흥원, 2013 종가포럼 "불천위, 만 리를 가는 사람의 향기". 현재까지 불천위 종가는 약 150여 개소로 추정되는데, 이 가운데 110개 정도가 경북지역에 집중되어 있다.

3) 일반적으로 대문중은 동성동본의 혈족인 모든 사람을 포함하며, 파문중은 중시조를 중심으로 하고, 소문중은 일정 지역의 入鄕祖를 중심으로 이루어져 있다.

종손과 종가, 족계 : 종법에 의하여 이룩된 친족집단인 종중에는 종손이 있다. 종손은 적장자손으로 종법에 따라 직계조상의 제사를 거행하는데, 종손은 이와 같이 제사상 중요한 지위에 있으며 문중을 대표하기 때문에 직계조상 제사의 초헌관은 반드시 종손이 된다. 종손의 부인이 종부인데, 집안에 따라서는 대종중의 종부에게 큰 권한을 주는 집도 있다.

종손이 거처하는 종가宗家는 문중의 얼굴로서 봉제사뿐 아니라 접빈객의 구실도 한다. 이러한 기능 때문에, 종가는 문중의 특별한 지원을 받는 것이 보통이다. 문중 단위의 행사는 종가를 중심으로 이루어지며, 특히 선조가 서원에 배향되었거나 불천위不遷位가 되었을 경우, 종가는 그 지위가 매우 승격된다.

이들 문중을 형성한 저명 가문들은 향촌사회변화 속에서 지배력을 보장받기 위한 방편으로 혹은 자체결속력을 강화하기 위하여 문중, 종중 조직을 강화하였다. 대부분의 저명가문들은 17세기 초 · 중엽 어간에 족계 혹은 종계로 불리는 친족 조직을 창설, 자신들의 현조顯祖를 내세우고 가문의 위세를 강조하며 종가 · 선영 · 재실 · 서당 등 여러 족적 기구들과 상징적 기반들을 만들고 종토宗土(位土) 등의 사회경제적 토대를 구비하였다. 나아가 종중의 조직력과 위세를 배경으로 배출 인물의 추숭, 서원 · 사우 건립, 파보 · 족보 · 문집 간행 등의 다양한 활동들을 펼쳤다.

문중과 동족마을 : 그리고 성씨별 차이는 다소 있지만, 17세기 후

반 내지 18세기에 이르면 대부분의 사족들은 족적 기반과 혈연적 결속력을 배경으로 하는 동족同族마을을 성립시켜 갔으며, 이 과정에서 종가宗家나 족계族契가 결성되고, 선영先塋이나 재실齋室과 같은 현조顯祖의 제향을 위한 시설 마련이 일반화하는 경향을 보여 준다. 그런가 하면 자제 교육을 위한 서당書堂이나 정사精舍, 서사書舍 그리고 특히 서원이 족적인 기반 위에서 선조 봉사와 자제교육을 겸할 수 있는 기구로 변화할 가능성을 보여 주고 있었다.

조선 후기의 종가나 문중 개념은 그 활동 내용상 향촌사회에서 특정 성씨집단(家門)을 중심으로 하면서, 적장자嫡長子 중심의 부계친족의식父系親族意識을 기반으로 한다. 또 활동의 지역범위가 동족마을 내부이거나 몇 개의 동족마을이 연계되어 이루어 내는 향촌鄕村(郡縣) 단위였다는 점이 주목된다. 그리하여 일반적인 조선 후기 문중의 성격과 활동은 다음과 같이 규정 혹은 정의하기도 한다.[4]

첫째, 지역적으로는 군현 단위의 사회적 기반 위에서
둘째, 친족조직으로는 입향조入鄕祖(中始祖, 派祖)를 정점으로 하여
셋째, 자신들의 족적族的인 지위 확보를 위하여 벌이는 활동

그리고 조선 후기 문중활동 양상은 대개 ① 현조 행적 재평가(추

---

4) 이해준, 「조선후기 문중활동의 사회사적 배경」, 『동양학』 23집(단국대 동양학연구소, 1993).

숭·정려·신원·추증), ② 유적 현창(묘소·신도비·행장·영당·사당·재실), ③ 향촌사회 및 국가 인정(서원·사우 건립), ④ 문중 권위 홍보(파보·족보·문집 간행) 등으로 전개된다.

문중서원 : 그리고 군현 단위의 '문중' 범위는 향촌사회의 지배구조나 역학관계와 보다 크게 연계되어 그 결속력의 편차나 위상 문제, 예컨대 대소문중(계파별) 편차, 타성과의 관계, 향권 주도나 영향력의 문제, 정치적(黨色)인 활동 문제 등과도 연계되게 마련이었다. 그리고 이는 바로 18세기 후반 문중서원 발달이라는 현실로 나타났던 것이다.

조선 후기 문중활동 중에서 서원 건립은 동족마을의 형성 발전, 족계의 활발한 운영 등과 아울러 가장 대표적·상징적인 활동이었다. 문중서원은 대개 이들 18세기 후반 이후 19세기에 향촌사회에서 급증했는데, 이들의 가장 큰 특징은 ① 단일성씨, ② 동족 기반의 유서 강조, ③ 추배를 통한 문중화 경향, ④ 문중 이해를 반영하는 집약적 조직이라는 점이다. 18세기 후반 이후 19세기의 서원 모습은 단일성씨가 제향된다든가 성씨의 본관지나 입향지, 사당·영당이나 기타 동족적인 기반들을 유서로 하는 경우가 많다. 그리고 역시 가장 큰 특징은 바로 문중 선조 즉, 시조始祖나 원조遠祖·입향조入鄕祖·파조派祖·중시조中始祖·현조顯祖 등 문중 인물을 제향하면서 문중이 서원 운영의 주체가 되는 문중서원이 발달하게 된다는 점이었다. 숙종 대 이전의 경우는 총 제향인 중 10%에도 미치지 못하다가 숙종 대 이후에는 전체 제향인의 2/3가 문중 인물로 변하고 있었던 것이다.

모든 문중활동이 마찬가지이지만 문중서원은 문중의 결집된 힘을 향촌사회에 투영시킴으로서 자신들의 사회적인 지위를 인정받거나 제 특권을 유지·보호하는 수단이었다. 문중서원은 이 같은 필요를 내용적으로 가장 온전하게 반영하면서 향촌사회에서 공식적 사회조직으로 존립할 수 있는 매개로서 가장 적절하고도 유용한 것이었다. 즉 문중서원·사우의 건립은 내적으로 가문 결속과 선조의 추숭追崇, 외적으로는 사회적 권위의 유지와 보강이라는 측면에서 다른 어느 활동보다도 주목되었다.

2. 종가문화와 관련 유적

1) 종가문화의 가치

다음으로 종가문화의 문화사적인 가치에 대하여 생각해 보고자 한다. 모든 문화유산들은 종합성을 지니고 있으며, 종가문화는 더욱더 그러하다고 생각된다. 종가문화는 인물과 성씨의 정착과 변천사, 혈연과 지연을 매개로 성장 발달해 온 양반 사족문화의 실체로, 종가의 생활문화사, 관련 유적과 유물이 그 증거물들로 연계되어 있다. 종가문화는 건축과 기록문화 유산, 각종 의례와 음식, 구비문학, 그리고 동족기반과 관련된 각종 자원들을 두루 갖춘 종합문화유산이다. 그런가 하면 종가문화는 '배려하고 나누면서 공동체를 이끌어 왔던' 정신문화의 원천이기도 하였다.

다양한 종가의 역사와 문화 갈래들은 다음과 같이 매우 다종다양
하다.

- 종가 형성, 변천의 역사
- 혼맥, 학맥, 인맥
- 인물 배출 : 과거, 관력, 증직, 시호, 학문, 충절, 효행, 문집
- 유적, 유물 : 서원(사우), 부조묘, 종가, 선영, 정려, 금석문, 고
            문서, 현판 기문
- 동족마을과 문중조직(족계, 종회)
- 지성사적 도덕성과 실천
- 가문전통, 집안교육(가훈)
- 종가, 종손, 종부
- 제사, 의식주 등 생활문화사
- 일화, 전설

여기에 더하여 가문별로 특기할 문화상이 전해지는 경우도 많으
니, 예컨대 노비제사, 내훈(여훈), 가양주나 특이한 전통음식 등이 그러
한 것들이며, 생활일기, 종가기록 등의 기록자료들이 상세하게 전승되
는 경우도 있다.

이러한 종가문화와 관련해서 경상북도와 한국국학진흥원은 이미
2008년부터 다양한 종가문화들을 다양한 주제로 나누어 천착하고 그

가치와 의미를 계승하고자 노력하고 있다. 2008년 제1회 경북종가포럼 (종가의 현황과 활용방안), 2009 제2회 경북 종가포럼(500년 영남문화의 품격), 2010 종가포럼(종가문화 세계와 소통하다), 2011 종가포럼(한국의 혼, 종가에서 찾는다), 2012 종가포럼(종부, 섬김과 나눔의 리더십), 2013 종가포럼 (불천위, 만 리를 가는 사람의 향기) 등이 바로 그것으로, 어쩌면 이들 학술 모임 자리에서 종가문화의 문화사적 가치는 다 논의되고 거론되었다고도 생각된다.

그리하여 필자가 오늘 다시 종가문화의 문화적 가치를 언급하는 것은 무의미할지도 모르겠다. 다만 이 자리에서 발제자는 그간 크게 다루어지지 않았던 종가문화의 또 다른 부분을 잠시 주목하여 보고자 한다. 그것은 바로 종가문화의 역사, 정신문화적 접근으로서 (1) 인물과 성씨 관련 유적, (2) 종가문화의 전통과 계승, 그리고 정신문화의 전범이자 교육서인 가훈家訓 자료에 대한 것이다.

2) 입향사적과 종가 관련 유적

종가문화의 형성과 변천사는 무엇보다도 중요한 관심대상이다. 변천사를 정리할 때 우선 주목하는 것이 입향조의 지역 연고와 배경, 그리고 그 과정이다. 파조나 중시조가 언제, 어디에서, 어떠한 배경과 이유로 해당 지역에 정착하였는지, 또 정착 이후 어떠한 관계 속에서 성장하게 되었는지를 밝히는 것이 종가 연구의 출발이다.

입향 과정은 대부분 족보나 구전자료로 파악되는데, 주로 묘소나

처음 잡은 집터, 선주 성씨의 존재 및 그들과의 관련성에 대한 내용이다. 대개의 경우 입향의 동기는 처가나 외가 혹은 그 이전의 특별한 인연이 있었으며 이는 입향조의 부父나 조祖 혹은 자子의 혼인관계, 관련 성씨의 족보 추적, 유적 확인을 통하여 관련성이 추적되는 것이 보통이다. 시대를 알 수 없는 구전 지명이나 인물설화들이 이런 선주집단의 흔적일 가능성이 크다.

입향 사적의 추적과 함께 또 하나 주목할 부분이 종가, 성씨와 관련된 유적의 연대별 정리이다. 종가와 연계된 성씨와 인물 유적은 매우 다양하고 많다. 아마 유교 유적으로 통칭되는 것들이 거의 종가, 성씨 관련 유적이라 보면 틀림없을 것이다.

종가와 성씨(인물) 관련 유적과 자료들은 다음과 같이 매우 다양하다.

- 문화유적별 : 書院·祠宇, 不祧廟·祠堂·影堂, 旌閭, 樓亭, 宗家·齋室, 書堂·精舍·書社, 墓所·墓碑·神道碑, 事蹟·功績·記績碑, 遺墟址, 其他
- 자료형태별 : 遺蹟, 思想(著述), 行績, 古文書·典籍(文集), 金石記文, 民俗儀禮, 生活文化(衣食住), 口傳 逸話
- 주요 테마별 : 人物(학행·충절·저술·학맥), 敎育(서당·가훈·내훈), 組織(족보·족계·종회), 儀禮(사우·종가·재실), 追崇活動(신원·명정·증직·시호·추증)

어쩌면 이들 자료들은 지역사나 사족문화, 유교문화의 연구 과정에서 다루었던 자료들이어서 새삼스럽지 않게 생각할 수도 있을 것이다. 그러나 여기에는 관련 성씨의 주도와 노력, 목적이 있었던 것들이 많고, 그것을 우리는 종가문화, 문중문화의 고리로 엮어서 이해하면 좋겠다는 것이다.

왜냐하면 이들 관련 유적들이 모두 현조의 행적이나 유적을 중심으로 ① 행적 재평가(추숭 · 정려 · 신원 · 추증), ② 유적 현창(묘소 · 신도비 · 행장 · 영당 · 사당 · 재실), ③ 향촌사회 및 국가 인정(서원 · 사우 건립), ④ 문중 권위 홍보(파보 · 족보 · 문집 간행) 등의 다양한 활동 결과들이었기 때문이다.[5]

이들 유적 자료들의 연혁과 변천사가 정리되면 그것이 바로 종가의 발전사나, 시대별 변천사가 된다. 추숭활동에 집중하던 시기나 인물들, 유적의 현창에 힘을 모았던 종중의 분위기, 타 성씨와의 연대와 경쟁의 모습이 드러날 수도 있다. 대개 이러한 관련 유적들은 창건 과정에서부터 몇 차례의 중수나 보수, 이건 등의 과정을 겪게 마련이다.

예컨대 종가의 경우 건물배치나 규모, 세부 건축기법과 건축미, 그리고 기능들도 중요하지만 그에 더하여 종가문화의 역사와 변천에 관련된 흐름을 좀 더 면밀하고 상세하게 정리할 필요가 있다. 모든 건

---

5) 시기별로 보면 이러한 관련 종가, 문중문화 변천사는 대체적으로 16~17세기에 부계친 중심의 족계(종회 · 문중계), 종가 · 선영 · 재실의 마련, 그리고 18~19세기에는 문중과 종가의 권위를 상징하는 서원(사우) 건립, 족보(파보 · 대동보) · 문집 · 정려 건립 등등으로 이루어졌다.

축문화유산들은 선택의 결과로 그곳에 그런 형태로 남겨진 것이다. 종가도 그것은 마찬가지이다. 즉 그 과정에서 '누가, 언제, 왜, 어떻게?'라는 분명한 역사와 이야기까지도 함께 지니고 있다. 그래서 그 의미들을 재해석하고 올바로 이해하여야 건축문화가 보다 생명력을 지니게 될 것이나, 우리는 그것들을 무시하거나 외면할 뿐이다.

건축의 역사이면서 동시에 특별한 성씨의 상징 건물인 종가에 해당 성씨의 삶과 종합적인 문화를 이해, 전승, 활용하려는 마인드를 가진다면 자료는 수도 없이 많다. 예컨대 건축 역사와 관련하여서는 다음과 같이 태생과 태생 상태, 그리고 생후 성장과 변형의 세부사항(이력)들이 아주 다양하게 정리될 수 있다.

- 규모의 세부 변동 : 1칸 모옥이 언제 3칸 와가로 바뀌는지?
- 건물명과 기능의 변화 : 왜 건물명이 그때에 그렇게 바뀌는지?
- 실질적인 주도자는 누구인지?
- 경제 기반은 무엇이고, 구재의 과정은?
- 위치 선정의 일화와 이건 과정은?
- 중수, 보수, 화재, 개건 사적
- 창건 시기(위상, 지위), 발전 시기, 지속과 단절
- 건축 일화와 구전(풍수 경관 명당 설화)
- 상량 및 중수 기록, 건축용하기, 가옥도, 기타 문서와 시문학
  자료

그리고 이들 모두는 건축의 역사이며 원형콘텐츠들로서 스토리텔링과 콘텐츠 활용의 재료가 될 수 있는 것이다.[6]

또 서원이나 사우가 있을 경우 다음과 같이 세밀하게 연대가 확인될 필요가 있다.

1675년 사당으로 건립
1700년 사우 건립을 청원
1711년 ㅇㅇ祠宇로 건립(주향, 배향)
1726년 ㅇㅇ 추배
1830년 중수
1860년 ㅇㅇ의 이유로 ㅇㅇ로 이건
1868년 훼철
1923년 복설

대개 이 같은 유적들이 해당 지역에서 이루어지는 데는 분명한 이유와 목적, 배경이 있게 마련이다. 즉 그 이면에는 성씨의 성장 과정이나 상호 관계, 인물의 배출과 활동상이 밀접하게 연관되게 마련이다. 따라서 이에 관련된 문서자료나 주도 인물, 참여 인원, 경제적 재원 마련의 방법과 내용들이 추적된다면 우리는 더 많은 그 시기의 종중 변

---

6) 이해준, 「전통한옥의 활용과 기초자료정리 문제」, 『역사민속학』 37호(한국역사민속학회, 2011).

천의 실상을 복원할 수 있을 것이다. 파보의 편찬, 발간의 역사나 선산과 묘소의 마련, 재각(제실) 건립, 비석 건립, 친족조직인 종계(문중계)나 시기별 변화 모습을 추적하여 이 모두를 하나의 종가 연표로 만들어 본다면, 종가문화의 커다란 흐름을 일목요연하게 파악할 수 있을 것이다. 이 같은 자료들은 특별한 경우 족보나 비석 같은 기록물에서 확인되기도 하지만, 대개는 지명이나 일화, 구전으로 전해지는 것이 일반적이다. 따라서 이 분야는 지리학이나 구비문학분야의 조사방법론과 지식이 매우 긴요하게 활용될 필요가 있다.

3. 종가의 전통과 계승 – 종가정신과 '가훈'

1) 집안의 전통과 교육, '가훈'

가훈家訓이란 집안 어른이 자녀 또는 후손들에게 주는 가르침, 교훈을 일컫는다. 가훈은 "가정교육의 텍스트"이자 집안을 어떻게 경영해야 다음 세대에서도 계속 유지되고 발전될 수 있는지에 대한 고민의 결정체였고, 가훈을 통한 가정교육을 가문 전통의 유지, 존속, 명예를 담보할 중요한 구실로 삼았다. 가훈은 대체로 수신제가修身齊家, 즉 처세와 때로는 평천하에 이르는 치인의 도리를 중심으로 생활문화 전반에 걸친 규범과 지침들을 간단명료하게 조목으로 나열 정리한 것이 일반적이다.

가훈서는 각 집안의 환경과 배경, 사회적 지위와 고유한 경험의 토대 위에서 실제적인 삶을 대상으로 하기 때문에 내용과 형식, 작성 형태 등에서도 차이가 나게 마련이며, 특히 가훈을 편찬한 인물의 평생의 경험과 사고를 반영하고 있다. 이렇게 조선시대 종가의 가훈은 시기별, 인물별 지식인들의 전통적 생활문화 모범을 보여 주는 자료이면서 종가의 집안교육 특성을 엿볼 수 있는 귀중한 자료이다.

가훈의 주요 내용은 수신과 공부·덕성의 함양이 가장 기본적인 것이었다. 그러나 가훈은 이 같은 관념적이고 일반적인 유교이념과 함께 각 가문별로 특수한 성격과 의미를 지니고 있었다. 즉 가문, 인물별로 당 시대에 그들이 처했던 서로 다른 '구체적' 작성 사유들이 기록되어 있었던 것이다. 서문, 일화, 구전 등을 통해 보면 그것을 알 수가 있으며, 내용도 그러한 배경 아래 집안의 어른과 부모의 입장에서 자녀와 후손들에게 자신이 바라고 지향했던 간절한 가르침, 이상적 생활규범, 생활의 지표를 제시하고 있다.

그런 점에서 각 가정의 가훈이나 가풍은 한 가정의 생활지식이 되고, 지혜로운 삶을 영위하는 실전 윤리 규범이며, 또 한 집안의 가문 전통을 유지 존속시키고, 타 가문과 차별화하는 방편이기도 했다. 각 시기의 정치·가족생활·사상·풍속에 걸쳐 지은이가 가지고 있었던 지식의 종합이었다고 할 수 있었던 것이다. 또한 이를 통해 집안사람들이 연대와 결속을 다지는 한편, 공동체를 존속시켜 사회적 위상을 획득하려는 의도가 있었음을 짐작해 볼 수 있다.

한편 조선시대 저명 인물들의 가훈이 특별히 구분, 주목되는 점은 그것이 저자의 평생 공부, 인생경험의 총합이자 생애와 사상의 온축으로 자제, 자손에게 주는 진정성을 기반으로 한다는 점이다. 그래서 각 가문의 상징 전통으로 특화되었고, 제시되는 사회규범들이 남에게 보이기 식이 아닌 실용성·구체성을 바탕으로 한 생활문화였던 것이다.

2) 가훈의 형태와 내용

가훈의 형태 : 가훈은 여러 명칭으로 불린다. 예를 들어 가정의 규범이라는 의미로 정훈庭訓·가범家範·가규家規·가헌家憲·가의家儀·가학家學·가법家法이라고도 불리며, 자손에게 내리는 교훈, 계시라는 뜻에서 유훈遺訓·유서遺書·유명遺命·가계家戒·유계遺戒·훈자訓子·계자서戒子書 등으로 불린다.

대상은 아들, 딸, 손자 등으로 구체적인 대상을 명시한 경우도 있고, 대상을 명시하지 않은 경우도 있다. 그러나 역시 가훈이라면 협의의 대상 범위는 자녀와 친족(당내친)이었고, 대대 전승되는 과정에서 모든 후손들이 규범으로 삼는 교육서로 활용되기도 한다.

가훈서의 가장 원형적인 모습은 서간書簡, 문답問答, 유훈遺訓 등의 형식이며, 17세기 이후가 되면 의도적인 목적을 가지고 체계를 갖추어 편찬된 성책, 단행본 가훈들도 나타난다. 서간은 부모가 생전에 자손들에게 준 일상생활의 가르침이나 언행에 대한 훈계를 사후에 기록하여 가훈서로 삼는 경우이다. 문답은 각 가정에서 학문, 독서의 중요성, 독서방법, 인물관 등에 대한 문답을 엮어 가훈으로 전해준 경우이고,

유훈은 성현의 격언을 기초로 유언, 유서로 남긴 것이 가훈이 된 경우이다.

　잡저(저술)로 편찬된 것으로는 필사본으로 전해지는 경우와 문집에 수록된 경우가 역시 가장 일반적이다. 현재 기록상으로 확인되는 가훈은 70여 종을 상회하지만, 이 중 필사본은 10여 종이고 나머지는 대부분 저자의 문집이나 족보 등에 수록된 것들이다. 그런데 이와 달리 별도의 저술로 간행되어 널리 보급된 『분봉가훈盆峯家訓』(연안이씨, 1706), 『수졸재가훈守拙齋家訓』(진주강씨, 1789), 『우곡선생훈자격언愚谷先生訓子格言』(1724), 『풍천노씨가학십도豊川盧氏家學十圖』(1847) 등도 있다. 그리고 아주 일부이기는 하지만 훈자첩訓子帖, 제영題詠, 도상圖像 등으로 남겨진 경우도 있다.

　가훈의 내용 : 가훈의 일반화는 성리학적 지배체제의 확산과 연관되어 있었다. 조선 초의 가훈 자료가 대체로 경서나 『소학』, 『격몽요결』과 같은 책들과 현인의 말씀 가운데 특별히 요긴한 내용을 간추려 작성한 것은 바로 그러한 성리학적 수신과 도덕적 함양에 보다 중점을 두었기 때문이었다.

　그런데 이러한 가훈의 성격은 조선 중기 이후 장자 중심, 가부장적 친족조직이 발전하고 가문의 전통이 매우 중시되면서 변화하기 시작하였다. 특히 17세기는 성리학적 지배체제가 자리를 잡으면서 4대봉사가 끝나면 묘위전墓位田의 운영과 관련된 족계族契나 족규族規를 마련하고 족보와 가훈서를 간행하였다. 또한 문중인물의 추숭과 서원·

정려 건립 등의 현창사업을 통한 가문 전통의 유지 존속을 꾀하기 시작하였다. 나아가 이러한 과정에서 각 사족가문들은 현실적으로 향촌사회 내에서의 입지를 다지고 도덕적 우위를 지키기 위해서라도 제가齊家를 위한 가정교육의 필요성을 인식하게 된다.

이런 가훈의 내용은 개인적 덕목인 수신에서부터 가정생활인 제가, 그리고 사회생활인 처세, 거향, 관리 생활 전반에 두루 미치고 있다. 조선시대 가훈서의 내용을 보면 5~6개조에서 30여 개 조목에 이르는 다양함을 보여 주는데, 이들 내용을 요소별로 분석한 연구[7]에 의하면 평균적으로는 15개조 내외가 가장 많고, 공통적으로 포함된 조목을 보면 '봉선, 제사, 목친, 독서, 의복, 언행, 우애, 부부, 교자, 어복, 치산, 농상, 거향, 접인, 교우 거관' 등으로, 크게 보아 몸가짐(修身), 집안일(齊家), 바깥일(處世)로 나누어 볼 수가 있다고 한다.

수신의 항목으로는 성의, 정심, 독서, 언행 등의 항목에 집중도가 보이며, 다음 집안일(齊家)에 관련한 조목들로는 부모 섬기기와 조상제사를 우선하며 효우, 노비 다스리기, 가정경제운용의 항목들이 주류를 이룬다. 다음으로는 사회활동(處世)과 관련한 항목들인데, 종족 간의 돈목을 필두로 거향, 접인, 교우, 거관 등에 초점이 맞추어져 있다.

그런데 16세기에 들어 『소학』과 『주자가례』를 통해 성리학과 종법에 대한 이해가 심화되면서 사대부들은 유교 이상사회 건설을 위한 토대인 가정의 교화에 집중하기 시작하였고, 가정에서의 유교 교육도

---

7) 정무곤, 『조선시대 가훈서의 교육학적 해석』(2006).

중요하게 다루기 시작한다. '수신제가치국평천하修身齊家治國平天下'의 이념 위에서 가훈서는 개인의 가정과 사회 사이를 긴밀하게 위치 지우는 역할을 하게 된다. 16세기 가훈에서 제가와 처세 부분의 항목이 점차 증가되어 가는 모습이 보이고, 내용에서도 항목들이 세분된다는 점이 특징이다. 그럼에도 구체적인 실천 항목들은 약간 미흡한 채 경전류나 선학들의 모범 사례들을 인용 나열하는 데 그치고 있다.

그러나 양란을 경과하면서 양반사족들은 가훈을 통한 친족 간의 돈목과 사족가문의 권위와 지도력을 유지 전승하기 위하여 집안의 결속과 교육에 주력하게 된다. 그 과정에서 한 방편으로 가훈서가 많이 만들어지게 된다. 즉 양란 이후 향촌사회에서 사족의 지배력은 약화되고 친족제도의 변화과정 속에 가문의 결속도 필요해졌다. 또한 장자를 중시하는 부계친 위주의 친족의식은 가부장적 조직인 종중과 문중을 발전시켰다. 그리고 사족들은 자신들의 기득권을 지키기 위해 선택한 가문의식을 전통으로 내세우며 가부장제적 가족질서를 강화하고자 하였고, 가훈서는 그러한 흐름에 기여한 유용한 도구였다.

17세기에 이르면 가훈 자료들이 보다 다양해지고 풍부해지는데, 대체로 17세기 가훈서의 특징을 요약한다면, 첫째는 수신과 제가, 처세의 3부문이 고르게 수록되는 가훈의 기본 체제가 완성되었다는 점과, 둘째는 내용이 세분되면서 실천 방안들이 상세하고 구체적으로 제시되고 있다는 점이다.

3) 가훈과 생활문화, 여훈과 계녀서

가훈과 생활사 자료들 : 다음은 가훈서 중에서 특수한 내용, 상세한 실천내용 사례들을 소개하여 가훈서가 지닌 생활문화 자료로서의 가치를 예시하여 보고자 한다.

우선 음식과 관련된 흥미로운 자료로 송인宋寅(1516~1584)의 가령家令(『頤庵遺稿』, 권9, 잡저)을 보도록 하자. 가령家令에서는, 식색食色은 경계의 대상이며 세상 악의 근본이 모두 식색을 탐하는 데서 생겨난다고 보아 경계하고 있다. 즉 어린아이가 병치레가 심하고 요절하는 것이 포식 때문이므로 포식을 금하여야 하며, 만약 유모가 부모 안 보는 곳에서 아이에게 음식을 먹이면 논죄하라고 한다. 포식하면 정신이 맑지 않고 사려가 정밀하지 못하기에 독서할 때에는 더욱 삼가야 한다고 한다. 특히 흥미로운 것은 반찬의 수를 부모는 5첩 이내, 출가하지 않은 자식은 3첩 이내, 출가한 자식은 4첩, 등제하거나 관직에 오른 자는 5첩으로 규정하고 있다는 사실이다. 그리고 부모가 상을 물리면 자식들이 남은 반찬으로 식사를 하는 '상내림'의 모습도 가훈을 통하여 살필 수가 있다.

미암眉巖 류희춘柳希春(1513~1577)의 경우, 그의 정훈庭訓 내편內篇(『眉巖先生集』, 권4)에서는 식습관과 관련하여 식사 후에는 따뜻한 물로 양치하고 100보를 걷도록 지시하고 있으며, 여름철에는 물을 데워서 마시라고 한다. 또 부패한 과일과 냄새나는 물고기, 상추, 은행나무, 4월의 닭, 서리 내린 후의 야채는 먹지 말며, 막 잡은 쇠고기, 굴회, 오래된 어탕은 설사를 할 수 있으니 먹지 말라고 하였다. 황새와 자라는 영령이 있으니 죽여서는 안 되며, 열병 후에는 돼지, 닭, 물고기, 알, 술, 면, 두부, 생채, 기름 등을 절대 피하라고 경계한다. 음식물과 관련된 양생과 치생에 대한 남다른 관심과 주의, 당부인 것이다.

가훈서에 상제례에 관한 조항이 매우 많고 상세한 것에 대하여는 앞에서도 여러 차례 거론하였으나, 이 중에서도 아주 특이한 사항으로 유명한 의병장 곽재우郭再祐(1552~1617)의 거가잡훈居家雜訓(『忘憂集』, 권3)에 나오는 사례를 소개하여 본다. 임진왜란 이후 고례가 무너짐을 걱정하던 곽재우는 거가잡훈에서 장례 절차, 제사 절차와 종자와 자손들의 역할, 제물 등에 대하여 아주 상세하게 언급하고 있다. 그는 칠관漆棺하는 시기를 잘 몰라서 널이 움직이는 것을 걱정하면서 관을 만들 때 송진을 쓰는 문제점을 지적하기도 하였다. 즉 칠관이 고례에 나오는 것이니 관을 만들기 이전이면 집에서 충분히 가능한 일인데도 때를 놓쳐 문제라고 한다. 장례의례에 대하여도 종자 이외의 자손들은 시물時物과 집안의 문건을 보내 도와주고 한곳에 모여 치제할 것을 언급하고, 제물도 품수를 정하되 탕은 4가지, 과일 6가지, 적 3가지, 포, 밥, 면, 소채 이외에는 어지럽게 준비하거나 너무 잘 차리지는 말라고 당부한다. 제사 불참자에 대한 벌칙도 상세히 규정하고 있다.

17세기의 가훈 중에서 그 내용 체제나 구체성에서 독보적인 것이 바로 초려草廬 이유태李惟泰(1607~1684)의 정훈庭訓이다. 이유태의 정훈이 주목되는 이유는 조선시대 가훈家訓들이 도덕적道德的 훈계訓戒의 내용에 집중되고 방법론에 있어서는 구체적이고 실천적인 방안을 제시하는 것이 아니라 선현先賢들이 말한 덕목德目이나 가치價値에 대한 원칙론原則論을 나열하는 소극적인 방법을 택하고 있는 것과 좋은 대조를 이루고 있기 때문이다.

초려 이유태는 현종 때의 학자로 사계 김장생의 문인이며, 특히 예학에 이름이 높았던 인물이다. 이유태의 정훈庭訓은 선비가문의 생활 규범이자 가정교육의 요체를 정리한 것으로, 그가 평안도 영변寧邊에 유배 중이던 71세 때인 1677년(숙종 3)에 작성되었다. 노년에 유배 중이던 예학자가 자손들에게 남긴 이 정훈은 그 저술 배경만으로도 특별한 의미를 예감하게 되는데, 서문에서 그는 저술 목적을 '가사家事가 어려워지고 자손들이 배움의 기회를 잃게 되어 가문家門의 전통을 이어 가지 못할지도 모른다는 염려에서 비롯된 것'이라고 밝히고 있다.

정훈庭訓은 사당祠堂, 시제時祭, 기제忌祭, 묘제墓祭, 상장喪葬, 거실居室에 관련된 의례와 제산지규制産之規, 숭절검崇節儉, 불우지비不虞之備, 매전지법買田之法, 치포전법治浦田法, 가연지의家宴之儀, 대빈지의待賓之儀, 화수지계花樹之契, 관혼지의冠婚之儀, 사상지계四喪之契, 거향지도居鄕之道, 대고구지도待故舊之道, 처세지도處世之道 등 19장章으로 구성되어 있으며, 분량은 101쪽에 이르는 방대하고 상세한 내용을 담고 있다. 이유태의 정훈은 내용이 종합적이고 체계적으로 구성되어 있으며, 분량도 방대한 데에다 가정생활의 구체적, 실질적인 내용이 많아 원칙론보다 구체적, 현실적인 실용성을 강조하고 있는 것이다. 그리고 그의 생활규범 제시 중에는 한 해의 가정경제 운영의 실제, 양계, 양어 등 다각적 영농과 가옥의 규모와 용도 등 당시의 생산방식, 생활경제 정

도, 생활상을 추정하게 하는 내용들이 많이 기록되어 있다.[8]

여훈과 계녀서 : 한편 가훈류에서 새로운 연구대상으로 주목할 것이 바로 여훈, 계녀서이다. 조선시대 여훈이나 계녀서가 본격적으로 등장하는 시기는 17세기 이후로, 여러 종류의 가훈서들이 일반화되면서 보다 구체적인 여성교육서의 필요성이 대두되면서이다. 당시는 부덕이 높은 여성이 가문 영달의 밑거름이자 가문을 빛낼 수 있는 중요한 역할을 할 뿐만 아니라, 이러한 여성의 부덕婦德은 그 가문의 명성과 가풍을 전하는 것이기도 하였기 때문이다. 여훈, 계녀서로는 이황李滉(1501~1570)의 『규중요람閨中要覽』, 성종의 어머니 소혜왕후昭惠王后(1437~1504)가 왕실의 비빈妃嬪을 훈육하기 위해 엮은 『어제내훈御製內訓』, 송시열宋時烈(1607~1689)의 계녀서戒女書, 한원진의 『한씨부훈』, 권구의 『내정편』, 조관빈의 「계자부문」, 조준의 『계녀약언』 등이 있고, 작가 미상의 『규중요람』, 『규범』, 『여자계행편』 등이 널리 알려지고 있다. 좀 더 유념하여 조사하면 더 많은 여훈들이 존재하며 특히 내방가사류 자료에서도 가훈적 성격의 글들이 많다.

---

8) 이해준 편, 『초려 이유태의 향약과 정훈』(신서원, 1998).

4. 종가문화의 현대적 계승과 활용

1) 활용 논의와 문제점

종가, 고택 등의 전통가옥 보존과 활용에 관한 괄목할 연구들이
여러 형태로 발표되었고,[9] 그 결과들을 공유하는 학술세미나와 공청회
등도 활발하게 이루어졌다. 예컨대 "500년 종가문화, 세계와 소통하
다"(2010. 11. 경상북도/문화체육관광부)라는 국제학술회의, 『전통가옥 등
활용 활성화 방안 연구』(2010. 12. 문화재청), 그리고 이를 토대로 "전통가
옥 보존·관리 기준 마련 공청회"(2011. 4. 문화재청)가 마련된 것 등이 바
로 그것이다.

그런데 이들 논의들이 대부분 건축 문화와 관광 활용에 초점이 맞
춰져 있는 것은 매우 아쉬운 부분이다. 이러한 과정을 겪으면서 종가
문화가 지닌 전반적 수준과 품위, 정체성과 종합성이 훼손되고, 자칫
특별한 형태의 숙박시설 정도로 인식되면 어쩌나 하는 우려가 없지 않
다. 종가, 고택을 문화자원, 관광자원으로 활용하려는 노력들이 증대
되면서 나타나는 문제점과 아쉬움을 표집 해 보면 대개 다음과 같다.

---

9) 곽행국 외, 『전남 전통한옥마을의 문화관광자원화 방안』(전남발전연구원, 2009);
박성준 외, 『안동 전통한옥체험장 모니터링 연구』(안동시, 2010); 이해준 외, 『서
원보존정비 관리방안 연구』(문화재청, 2010); 한국고택문화재소유자협의회, 『전
통가옥(중요민속자료) 관리실태 및 민속유물기록화 연구』(문화재청, 2008); 한범
수 외, 『전통한옥 숙박체험 운영활성화 중장기계획』(한국관광공사, 2008).

— 활용 논의와 관심들이 주로 '문화유산으로서의 종가'가 아닌
'건축물'에 집중되는 점
— 활용에서 숙박 및 편의시설에 중점을 둠으로써 종가문화 고유
의 문화적 정체성과 차별성이 후순위로 밀리는 문제
— 종가문화 관련한 원형콘텐츠의 범위와 확보 노력 미흡

이러한 외형적 혹은 주객전도主客顚倒의 접근은 자칫 종가문화 자
원의 정체성 훼손은 물론, 다양하고 차별성 있는 활용을 부진하게 만
드는 요인이 될 수 있는 것이다.

이러한 문제점은 전통건축 관련 문화재 정비 · 복원 연구(보고서)
에서도 그대로 보인다. 기존의 건축물 정비 복원 활용에 관련된 연구
(보고서)들을 보면 건축 분야가 중심이라는 것을 인정하더라도, 인문학
적 마인드가 약하여 역사문화(≒종합적 종가문화) 자료의 확보에 필요한
연구진의 동원(아웃소싱) 의지와 수준, 예산 비중, 기간이 너무 적다. 즉
의식, 방향성에서 지역개발, 관광개발, 정비류의 계획이 아직도 많고,
건축문화 속에 '사람과 문화'가 잘 드러나지 않는다. '본말本末, 주객主
客'의 전도顚倒 현상이 나타나고 있는 셈이다. 그런가 하면 활용의 문
제는 후속사업으로 역할을 떠넘기는 경우가 대부분이다.

결국 우리들은 종가 유산이 지닌 자신만의 독특한 문화가치와 특
성 · 차별성을 제대로, 충분히 활용하지 못한다는 것이다. 종가문화를
주제로 한 세미나에서 김광억은 " '종가문화의 발전과 세계화'를 위해서
종가 · 종가문화가 하나의 문화관광 상품의 차원을 넘어서야 하며, 그러

기 위해서 종가문화가 외형을 피상적으로 살피는 관광이 아니라 우리의 전통문화와 유교문화의 세련된 형식을 보존하고 실천하는 역사문화의 장으로 확립되어야 함"을 주장한다.[10] 그는 종가문화가 우리 주변에서 보는 바와 같이 단순한 관광 상품이 되어가는 것을 우려하면서, 고택방문 등 일부 관광 상품은 단순히 현대인들의 향수를 충족시키거나 호기심을 채워주고, 고택(종가)의 건축 구조 등을 둘러보는 물질적 관찰에 그친다고 지적한다. 심지어 제사조차도 하나의 구경거리기 된 실정에서는 종가의 정신적 문화 내용을 구체적으로 접하기는 어렵다고 한다.

사실 종가문화의 고품격과 가치를 생각할 때 전통혼례, 다례, 한복 입기, 절하기, 나아가 투호놀이, 떡 만들기 등처럼 대부분 일반, 보편화된 내용들이 전통문화 체험이라는 획일화된 프로그램으로 진행되는 상황에서 그러한 평가는 일정 부분 타당하다고도 할 수 있다. 이는 가치 있고 유의미한 원형콘텐츠 수집 정리가 미진한 상태에서 성급하게 활용을 서두르다가 생긴 현상인 것이다.

2) 종가문화의 종합성 찾기

물론 많은 종가들이 이러한 문제점들을 인식하고 바람직한 대안 마련에 노력하고 있으나, 전반적으로 보면 아직도 ① 다양한 종가문화

---

10) 김광억, 「종가문화의 세계와 : 가치 가능성 방향」, 『500년 종가문화, 세계와 소통하다』(경상북도/문화체육관광부, 2011).

자원 정리(분야별, 내용별, 유적별, 시대별), ② 종가문화의 특성, 상징성을 종합, ③ 종가의 명성과 품위에 맞는 수요층별 다양한 콘텐츠 개발, 활용 등에 대한 심각한 고민과 모색이 부족한 것이 아닌가 생각한다.

종가는 건축기법(구조)과 기능, 위계, 미학, 실용성을 지닌 공간이기도 하지만, 문화의 구현장으로 다양한 종가문화의 원형콘텐츠들을 포함하고 있는 문화유산이다. 그리고 일상생활(삶)의 현장으로 지역성과 특정 성씨들의 오랜 역사와 전통, 시대적 변화상이 올곧게 보존된 공간이자 역사(문화)를 만든 공간이었다. 때문에 종가에는 "시간, 공간, 사람"의 모습이 보여야 하고, 사람 사는 이야기가 있게 마련이다. 우리가 찾고 느껴야 할 진정한 문화는 '그곳에서의 일들', '그곳의 그 사람', '그때의 그 모습'이라고 생각한다. 즉 수많은 전통문화(역사, 문화, 민속)의 단막극이 펼쳐진 연극 세트장이었던 셈이다.

종가에는 그곳에만 존재하는 고급스럽고 경쟁력 있는 다양한 문화들이 있다. 각각의 문화배경과 스토리, 근거 자료들이 남아 있어 '그곳에서만 느끼고 체험' 할 내용들이 많다. 특히 인물, 역사, 유물, 정신, 의례 등 차별화되고 특화 가능한 소재가 응집된 유산이다. 여기에 더하여 성씨와 인물, 민속의례와 음식, 구전과 일화 등등 자료도 관련 연구자들의 도움을 받는다면 의외로 귀중한 자료가 추가될 수 있다. 즉 종가는 독립적으로 존재하는 것이 아니라 마을의 공간과 구성요소를 공유하면서 존재한다. 전통마을에는 지배층의 종가, 재실 혹은 정려 같은 건축문화유산과 함께 민가와 공동체 생활문화유적이 있고, 여기에 생업환경, 민속의례와 신앙, 구전과 같은 민속생활문화도 함께 공존하였다.[11] 이들 수많은 스토리와 원형콘텐츠가 씨줄과 날줄로 연결되었을 때 해당 '종가의 문화'는 귀중한 생명력과 독특한 정체성을 지니게 될 것이다. 그리고 그것이 우리가 바라는 계승발전, 지속가능한 활용의 경쟁력이라 생각한다.

3) 지속 발전과 활용

이제 마지막으로 앞으로 종가문화가 그 권위와 품격을 지키면서 후대로 계승 · 전달되기 위해 필요한 몇 가지를 제시하고 글을 마치고자 한다.[12]

첫째 경제 수익, 관광 활용에 앞서 종가문화의 자부심, 긍지, 자존감을 먼저 확수確守하는 것이 필요하다. 스스로가 권위도 가지고 자랑스러운 후손이어야 종가문화는 바로 설 수 있으며, 존경받고 가치를 인정받을 수 있을 것이다.

둘째 그러려면 각 종가가 지닌 특수한 전통과 문화에 대한 정리와 종합, 브랜드화가 시급하다. 종가문화가 '왜, 그곳에, 언제, 어떻게, 어

---

11) 이해준, 「농촌문화 · 지식자원의 활용방향」, 『농촌생활과학』 23권 3호(농촌진흥청, 2002).

12) 종가문화를 대상으로만 한 것은 아니지만, 기본적으로 활용을 위한 다양한 방안 마련에 다음 글들이 참고가 된다. 국민대 한국학연구소, 『유교문화체험 프로그램 활성화 방안 연구』(문화체육관광부, 2009); 김양식, 『충북지역 유교문화자원과 활용방안 연구』(충북개발연구원, 2009).

떤 전통으로' 있었는지를 설명할 수 있어야 한다. 이는 다른 종가들과 일편 유사하면서도 독특한 해당 종가만의 모습과 특성을 지니면서, 그 전통을 자랑스럽게 유지·존속해 왔던 것이다. 따라서 바로 그것이 종가문화의 브랜드 가치이고 차별성이며, 문화경쟁력인 것이다. '종가문화'는 경관(공간), 시대(역사), 사람(문화), 지역특성이 함께 묶여 종합되어야 올바른 의미도 찾게 되고, 또한 이를 최대한으로 활용할 거점, 공간으로 종가문화는 그 가치가 상승하고 지속발전도 가능해지는 것이다.

셋째는 종가에는 그곳에만 존재하는 고급스럽고 경쟁력 있는 다양한 문화들이 있다. 특히 인물, 역사, 유물, 정신, 의례 등 차별화되고 특화 가능한 소재가 응집된 제반 자료들을 기록화하고 스토리텔링[13] 화하여 정리하는 것이 필요하다. 물론 이미 여러 종가들이 그러한 작업들을 했거나 시도하고 있는 것으로 알고 있어 고무적이다. 앞에서도 여러 차례 지적했듯이 종가문화의 '전통성, 상징성'(대표성, 연대, 지역), '종가의 역사와 유적, 배출 인물', '종가, 종손, 종부', '나눔과 보듬' 종가의 정신문화 자료', '종가의 특징적 문화 자원'(기록문화, 음식문화, 건축문화 등) 등을 온전하게 기록화하여야 한다. 그리고 이를 토대로 자료들을 적절한 공간에 전시하고 교육(홍보)자료를 만드는 등의 작업이 필요하다. 이것이 만들어져야 다양한 활용도 가능할 것이다.

---

13) 한국고택문화재소유자협의회, 『전통가옥(중요민속자료) 관리실태 및 민속유물 기록화 연구』(문화재청, 2008); 한범수 외, 『전통한옥 숙박체험 운영활성화 중장기계획』(한국관광공사, 2008).

넷째는 수요층별 다양한 콘텐츠(교육, 체험 프로그램) 개발이 필요하다는 것이다. 현재의 종가 활용은 크게 보면 하나의 패키지를 모든 대상에게 투여하는 방식이다. 그러나 종가문화를 피부로 느끼는 연령층이나 성별, 지식수준, 서양인과 동양인, 문화분야별 접근 방식 등에서 아주 많은 편차를 지닌다. 예를 들어 종가문화의 가치를 이해하고 계승하려는 학생, 후손, 민속학대학원생, 철학동아리, 문학동호회, 인물역사기행, 창작예술인 등등 다양한 층을 겨냥한 맞춤형 프로그램이 준비될 필요가 있는 것이다. 그리고 방식도 교육가 체험, 답사, 특강도 있어야 하지만, 참여자들이 자신의 생각을 발표하고 토론하는 포럼 형태의 문화사랑방이 되어도 좋을 것이다.

제 4 장

유교공동체의
현대적 역할

이 영 찬
(계명대학교 사회학과 교수)

1. 유교공동체를 바라보는 새로운 시각

공동체에 대한 정의는 매우 다양하지만 대체로 지역성과 연대감, 그에 바탕한 친밀한 상호작용을 내용으로 한다. 한 지역사회는 여러 유형의 공동체가 서로 겹치며 공존한다. 예컨대 전통적 공동체로서 자연부락 단위의 촌락공동체, 상조와 교제를 위한 친목공동체, 혈연·지연·학연에 따른 연고적 공동체 등이 있었다. 지역을 연고로 하여 자연적으로 형성된 전통적 공동체들과 함께, 현대사회에서는 만연한 개인주의로 인해 붕괴된 공동체적 삶을 회복할 새로운 형태의 인위적인 공동체들도 많이 등장했다. 대표적으로 종교에 기반한 종교공동체, 시민의식의 성장에 따른 시민단체 혹은 공동체운동, 그리고 다양한 생산·소비·여가 중심의 생활공동체 등을 들 수 있다.

성주지역에도 거주지역에 따라, 연대감의 기반에 따라, 그리고 목적과 상호작용의 조직화 형태에 따라 여러 유형의 전통 공동체와 현대적 공동체가 존재한다. 본 연구는 그 중에서도 이른바 유교공동체를 형성하는 문중, 서원, 향교 및 유교 관련 단체에 초점을 맞추어 구성원의 참여 양상과 상호 교류의 연결망을 탐색하고자 한다. 유교공동체는 촌락공동체, 혈연공동체 등 자연적 공동체를 포함하면서, 유교적 이념과 규범을 보급하고 실천하는 학연공동체를 포섭한다. 현재 한국 사회의 유교공동체는 주로 전통적 제도에 기반한 문중門中, 향교, 서원과 근대에 와서 조직된 다양한 유교 관련 단체에 참여하면서 유교의 가르침을 신봉하고 따르는 유림儒林으로 구성되어 있다.

오늘날 유교공동체는 과거에 갖던 대부분의 기능을 공식적 국가 제도나 이익집단적 결사체가 대신하게 됨에 따라 지속적으로 약화되어 왔다. 그럼에도 불구하고 유교공동체는 현대 사회에서 제도적, 공식적 기능은 담당하지는 않지만 전통적, 비공식적 영역에서 상당한 역할을 수행하고 있다. 지역사회의 생활세계에서 전통적 유교공동체(문중, 서원, 향교)와 유교 관련 단체(유도회, 박약회, 담수회, 문중의 청년회 등) 및 계모임 등은 상호 연결망을 형성하면서 공동체적 삶을 영위하는 공간이 되고 있다. 이 연구는 성주지역 유교공동체의 실태와 공동체 구성원들의 상호작용 연결망을 살펴보고, 그것이 갖는 사회자본적 함의를 밝혀 보고자 하였다. 조사 대상은 성산이씨, 청주정씨, 의성김씨 문중과 청천서당, 회연서원, 향교, 그리고 유교 관련 단체(유교회, 담수회, 박약회)와 비공식적 계모임(청정회, 의신계)이었다. 연구방법으로는 우선 유교공동체의 실태를 파악하기 위해서 여러 종류의 문헌, 문서, 기록들을 조사하였다. 여기에는 각 문중과 서원, 향교의 향사 때 기록된 시도기時到記와 집사분정표執事分定表, 유교 관련 단체의 회칙과 활동기록이 포함되었다. 모든 자료는 2002년에서 2004년까지 3년 동안 문중, 서원, 향교의 행사에 참석한 사람과 유교 관련 단체에 참여한 사람의 명단을 분석 대상으로 삼았고, 심층면담을 통하여 기록의 미진한 부분을 보완하였다.

2. 유교공동체의 현재

1) 유교공동체의 인적 구성

성주 유교공동체 분석은 각 문중과 서원, 향교, 그리고 유교 관련 단체와 계모임에 참여하여 활동한 인원을 자료로 삼았다. 청주정씨는 회연서원에서, 의성김씨는 청천서원에서, 성산이씨는 성산재에서 춘추로 향사를 지내고 있으며, 성주향교도 춘추로 석전대제를 거행하고 있다. 이들이 2002년부터 2004년까지 춘추 향사 때 기록해 두었던 시도기와 집사분정표에 기록된 명단과 유교 관련 단체(유도회, 박약회, 담수회)의 회원 명부를 인적네트워크를 밝히는 자료로 삼았고, 모두 1024명으로 집계되었다. 또 각 문중, 향교, 서원의 회칙과 행사자료, 신문, 홈페이지, 각 문중 성원들과의 면담을 통하여 각 유교공동체들의 활동과 내부 재정, 역사적 유래와 현재의 상황 등을 알 수 있었다. 이러한 자료를 토대로 성주지역 유교공동체의 인구학적 특성을 살펴보면 다음과 같다.

전체 1042명의 조사대상 중에서 1001명(96.1%)이 남성이었으며 여성의 경우는 41명(3.9%)으로 나타났다. 그런데 여성의 경우, 문중, 향교, 서원에서는 전혀 찾아볼 수 없었고, 유도회와 박약회와 같은 유교 관련 단체에 속해 있었다. 이는 유교문화의 가부장적 성격이 현재의 유교공동체들에서도 크게 작용하고 있다는 사실을 말해 준다. 그러나 유도회, 박약회와 같은 유교 단체들의 경우 여성들의 참여를 허용하고

【표 1】 인구 구성

구분		빈도	퍼센트(%)	누적 퍼센트(%)	전체
성별	남	1001	96.1%	96.1%	1042(100.0%)
	여	41	3.9%	100.0%	
연령	40대 이하	28	2.8%	2.8%	1042(100.0%)
	50대	101	10.2%	13.0%	
	60대	349	35.1%	48.1%	
	70대	423	42.6%	90.7%	
	80대 이상	92	9.3%	100.0%	
주소지	성주	617	59.2%	59.2%	1042(100.0%)
	대구	153	14.7%	73.9%	
	그 외 경상도	130	12.5%	86.4%	
	서울	11	1.1%	87.4%	
	기타	131	12.6%	100.0%	
성씨	성산이씨	345	33.1%	33.1%	1042(100.0%)
	의성김씨	69	6.6%	39.7%	
	청주정씨	47	4.5%	44.2%	
	기타	581	55.8%	100.0%	
직분	자문위원	3	.3%	.3%	1042(100.0%)
	집행부 임원	16	1.5%	1.8%	
	당연직 이사	9	.9%	2.7%	
	이사	35	3.4%	6.0%	
	대종보편집	1	.1%	6.1%	
	일반 회원	978	93.9%	100.0%	

있으며 점차 그 규모나 활동이 확산되고 있다.[1]

　　연령별로 보면, 70대가 423명(42.6%)으로 가장 높고 60대가 349명 (35.1%)으로 그다음이었다. 또 80대 이상이 92명(9.3%)인 데 반해 40대 이하가 28명(2.8%)으로 가장 낮은 수치로 나타나, 지역 인구학적 특성 이 그대로 반영된 것을 알 수 있다. 상대적으로 70~80대 이상의 고령층 이 많은 것은 대부분의 유교공동체들이 오랜 역사와 유교적 가치관에 토대를 두고 형성됨으로써 고령층의 참여와 활동이 많기 때문이다. 유 교공동체 내부에서 고령층의 역할이 많은 것은 두 가지 측면으로 이해 할 수 있다. 하나는 노인들에 대한 예우와 존경의 의미이고, 다른 하나 는 청년층의 참가 부족이다. 본 연구에서의 심층면접 대상자들 중 대 부분도 80대 이상의 연령이었는데, 건강상의 이유로 모임에 참석이 힘 들다고 했다. 그럼에도 불구하고 40대 이하 연령대보다 80대 이상의 연령대 참석률이 높다는 것은 상대적으로 유교적 가치와 전통에 대한 관심과 책임감 때문이라고 생각할 수 있다.

　　주소지별로 보면 성주지역 성원들의 경우가 617명(59.2%)으로 가 장 높고, 대구가 153명(14.7%), 성주와 대구를 제외한 경상남북도 지역 이 130명(12.5%)으로 나타났다. 유교공동체들의 경우 주로 혈연과 지연

---

1) 유도회 성주군 지부는 1999년에 창설된 후 현재 대략 280여 명의 회원으로 구성 되어 있으며, 윤리도덕의 진흥 및 사회정화운동을 통해 윤리도덕을 앙양할 목적 으로 설립된 단체이다. 2001년에는 여성유도회 전국대회를 성주에서 개최하기도 하였고 2005년 추석맞이 송편 빚기 경연대회, 심산 김창숙 선생 참배행사를 실시 하기도 하였다.

에 기반을 두어 형성되며 이를 토대로 활동하기 때문에 성주지역의 성원들의 빈도가 가장 높게 나타난 것이다. 또 대구지역의 빈도가 다른 지역에 비해 상대적으로 높은 것은 지역적 근접성이 가장 큰 이유일 것인데, 대도시 근린 농촌 지역 거주자들이 교육적, 경제적 혹은 기타의 이유로 가까운 대도시에 거주하기 때문이다.

성씨별로 보면 성산이씨가 전체 비율 중 33.1%로, 다른 성씨들에 비해 상대적으로 높다. 이는 본 연구조사 자료의 한계에서 기인한 바가 크다고 할 수 있지만,[2] 그럼에도 불구하고 타 성씨에 비해 성산이씨의 비율이 상대적으로 높은 것으로 보아 교류나 활동이 다소 많은 것으로 추측해 볼 수 있다. 덧붙여 기타의 성씨가 581명(55.8%)으로 가장 높게 나타난 것은 성주에 성주를 본관으로 하는 문중 27개 외에 45개의 문중이 있어 다양한 성씨의 문중들이 향사에 참여하기 때문일 것이다.[3]

마지막으로 직분에 따른 차이를 보면 대부분의 성원들이 일반 회

---

2) 본 연구의 조사 자료는 문중과 서원, 향교 등의 '시도록', '임원명부', '계원 명부' 등으로 이루어져 있다. 특히 의성김씨 문중이나 청주정씨 문중의 경우, 문중 향사와 서원 향사가 동시에 이루어지고 있어 문중과 서원, 향교의 향사에 반복적으로 참여하는 성산이씨 문중보다 전체 자료 중 빈도수가 낮게 나타날 수밖에 없다. 성산이씨 문중의 경우 서원이나 향교 향사에 많은 성원이 지속적으로 참여하기 때문에 그 빈도수가 높게 나타난 측면도 있다.

3) 성주에는 성주의 옛 지명에 따른 성주, 경산, 성산, 화원, 농서, 벽진, 가리 등을 본관으로 하는 27개의 성씨가 거주하고 있다. 그리고 성주의 큰 문중으로는 여기에 표집된 3개의 성씨 외에 성주도씨, 성산배씨, 야성송씨, 성산여씨, 벽진이씨 등 다수의 문중이 있다.

원으로 참여하고 있었으며 소수의 성원들만이 다양한 직분을 수행하고 있었다. 특이한 점은 이사직 35명(3.4%)과 당연직 이사 9명(.9%)의 직분을 맡고 있는 성원의 수가 집행부 임원보다 많다는 것이다. 이는 심층면접 과정에서 알게 된, 대부분의 유교공동체들에서 이사직의 숫자가 많다는 사실과 일치한 결과였다.(청주정씨의 경우, 대종회 전체에서의 이사직의 수는 약 80여 명 정도)[4] 문중마다 이사로 선임되는 경우는 주로 연령이 높고 문중에서 이전에 집행부 혹은 임원의 경험이 많은 사람들이 대부분이었는데, 청주정씨 문중의 경우 이사들 중에서 연령이 높은 성원을 고문의 자리에 추천하고 있었다.

2) 유교공동체의 사회 · 문화적 역할

향교는 고려시대 안향 선생이 중국 원나라에 가서 공자의 초상과 문하제자, 송나라 성리학자들의 초상 및 위패 등을 가져와 제사를 드린 것을 시작점으로 보고 있다. 조선 초기부터 향교는 지역공동체에

---

4) 이사의 숫자가 많고 이사를 선임하는 과정이 경쟁보다 '年齒'에 의해 이루어지는 것을 통해, 유교공동체들의 경우는 일반적 조직의 의사결정 과정과 다름을 알 수 있다. 이는 유교공동체가 현대사회에서의 일반적인 조직의 특성들을 갖춤과 동시에 유교적 가치를 내재한 변형된 의사결정 과정을 가지는 것이라고 볼 수 있다. 즉, 이사들의 의사가 결정적인 영향력을 가지지는 못하더라도 유교공동체 내부에서는 오랜 연륜과 경험을 가지신 어른들이 모여서 의사를 논하고 결정하는 자리로 조직 내에서 존중받는 의사결정기관으로 운영되어짐으로써 유교적 가치를 유지해 오고 있는 것이다.

큰 역할을 담당했다. 지방문화의 중심지로서 백성들의 교육과 향약을 통한 지방문화센터의 기능 및 제향의 공간 역할을 했다. 향교의 첫째 기능은 교육이며, 천민을 제외한 일반 백성과 양반자제 모두가 입학하여 교육을 받았다. 향교의 다른 기능은 고을 사람들의 상호 교류를 통해 유교적 이념을 실천하는 문화센터의 역할이다. 향교는 향약의 본부인 향청, 유향소 역할도 담당하였는데, 향약은 향교를 중심으로 발전해 나갔다.

성주향교는 태조 6년(1397) 서울에 성균관과 지방에 향교를 세울 때 함께 건립되었다. 성주향교 설립 목적에 대해 운영규정에서는 다음과 같이 밝히고 있다. '향교의 목적은 유교 정신에 기하여 도의道義의 천명, 윤리의 부식扶植, 문화의 창달 및 공덕의 작흥이다.' (성주향교 운영규정 제3조) 또 성주향교의 사업 내용을 보면, '향교는 이 목적을 달성하기 위해 문묘향사 봉행, 향교의 유지관리, 유교문화와 전래의 연구, 유교사상의 보급과 교화사업, 충효교육, 기타 유교진흥에 필요한 사업을 시행하는 것' (성주향교 운영규정 제4조)으로 되어 있다. 즉 향교는 유교적 이념을 공동체 성원들의 생활 속에서 실천해 나갈 수 있도록 교육을 담당함과 동시에, 유교공동체 성원들의 소통 공간으로서의 역할을 담당하는 곳이라 할 수 있다.

원래 서원은 강학과 선현先賢의 제향을 위하여 조선 중기 이후 사림士林에 의하여 향촌에 설립된 교육기관인 동시에 향촌자치 운영기구였다. 서원이 강학과 제향의 기능을 가진 점에서는 관학인 향교와 큰 차이가 없지만, 제향의 대상이 공자와 그의 제자인 성현이 아닌 선현이라는 점, 설립의 주체가 중앙정부가 아닌 사림이라는 점, 그리고 설립의 동기와 배경이 관학과 다른 점이라는 데 차이가 있다. 서원은 교육과 제향과 더불어 다른 사회적 기능도 수행했다. 서원은 향약 시행의 중심지로서의 역할을 하면서 지방민의 교화에도 힘썼다. 또한 동성부락의 발달과 함께 동족집단 내의 상호 결속과 사회적 지위 유지에도 큰 몫을 했다. 그리고 서원은 교육과 학문을 위해 도서를 수집하고 보존하였으며, 서적을 직접 출판하기도 하여 문화창달과 지식보급에 큰 역할을 담당했다. 간행된 책은 교육용과 서원에 배향된 인물의 문집과 유고 등이었다.

성주지역의 경우 회연檜淵서원, 청천晴川서원이 유형문화재로 등록되어 있으며, 도산道山서당이 기념물로, 사창社倉서당, 덕암德岩서당이 문화재 자료로 등록되어 있다. 그 외 안산서원, 옥천서원, 문곡서원, 오암서원 등이 있다. 본 연구에서는 회연서원과 청천서원을 조사대상으로 삼았다. 회연서원은 한강 정구 선생의 학문적 업적을 기리기 위하여 청주정씨 문중에서 향사를 마련하며, 정구 선생의 후학들 및 타 문중이나 다른 유교공동체들의 대표들과 함께 향사를 지내고 있다. 청천서원은 동강 김우옹 선생의 학문과 사상을 기리기 위하여 후학들과 의성김씨 문중에서 향사를 준비하며, 회연서원과 마찬가지로 지역 다른 유교공동체 성원들과 함께 향사를 지내고 있다. 회연서원과 청천서원의 경우, 문중에서 향사도 지내고 서원을 관리하는 문중서원의 성격을 띤다.

문중은 혈연관계를 통해 형성되고 조직된다. 혈연 공동체가 가족의 범위를 넘어 친족의 범위까지 확대되었을 경우 이를 종족 집단이라 한다. 문중은 종족 집단이 조직화된 형태로 나타난 것이라 할 수 있다. 상징적 친족조직으로서 문중은 중심이 되는 조상이 가장 중요한 자원이라 할 수 있는데, 유명한 학자나 고위 관직에 있었던 조상 혹은 입향조를 정점으로 하고 있으며, 그 조상이 가지고 있는 상징성을 공유하고 유지, 확장함으로써 현실에서 힘을 발휘할 수 있도록 한다. 문중은 조선시대 친족 공동체의 가장 두드러진 모습이었다. 문중은 대체로 17세기 중엽에 성립한 것으로 보는데, 성리학의 보급과 더불어 종법사상이 뿌리를 내리기 시작하면서 그 조직의 성격이 점차 분명해져 갔다. 조선 후기에는 같은 성씨들이 모여 사는 동성마을이 많이 형성되었는데, 문중을 중심으로 운영되었다. 문중은 혈연을 토대로 하며 공유재산과 조상에 대한 제사의식 등을 통해 공동체 의식을 공유한다. 2014년 현재 성주군에는 73개의 성씨가 거주하고 있다.

3. 유교공동체의 활동

1) 전통적 유교공동체의 참여 현황

【표 2】를 요약하면 다음과 같다. 우선, 문중 참여와 성씨, 연령, 주소지 사이에 통계적으로 유의한 연관이 있다.(P값이 .000) 성산이씨들의 문중 참여율(75.7%)이 가장 높게 나타났는데, 이는 다른 성씨(청주정씨,

의성김씨)의 경우 문중의 향사가 서원에서 이루어지므로 따로 문중 향사에 참여하는 비율이 낮기 때문이다. 연령대의 경우 70대에서 80대의 성원들의 참여가 주를 이룰 것으로 생각했으나, 40대 이하의 경우가 가장 높은 수치를 나타냈다. 40대 이하라 하여도 대부분이 40대로, 이들의 참여가 높은 것은 대체로 문중 향사의 경우 여러 가지 힘든 준비가 많기 때문인 것으로 보인다. 80대의 경우 참여율이 낮았는데, 이는 고령으로 인한 거동의 힘듦, 질병 등의 신체적 이유 때문이다. 면접과정에서 만났던 어르신들의 경우도 그동안 활발히 활동했던 당시의 자료, 문중 역사, 문중의 자잘한 사안들까지 다 기억하고 있었으나 현재는 건강상의 이유로 문중 행사나 다른 향사에 참여하지 못하고 있었다.

다음으로 향교 참여와 성씨, 연령, 주소지 사이에 통계적으로 의의가 있다.(P값이 .000) 향교의 경우 참석률이 성산이씨 10%, 의성김씨 30.4%, 청주정씨 17.0%로 나타나, 의성김씨의 참여율이 가장 높게 나타났다. 그리고 기타 성씨의 참석률이 34.9%로 서원, 문중의 참여에서보다 월등히 높은 수치를 나타냈다. 이는 향교가 특정 문중의 소속이 아니면서 전체 유교공동체의 유교적 문화와 가치를 포함하고 있기 때문이라 할 수 있다. 연령별 향교 참여 여부를 보면, 연령이 높아질수록 참여율이 증가하는 것을 볼 수 있다. 물론 80대 이상의 경우는 건강상의 이유로 참석률이 떨어진다. 주소지에 따른 결과를 보면, 성주 지역 성원들의 향교 참여율(30.0%)이 문중(9.1%)에 참여했던 비율이나 서원(15.2%)에 참여했던 비율보다 높게 나타났다. 즉 향교의 향사(祭)가 유교공동체들의 교류의 장으로 기능하고 있는 것이다.

【표 2】문중, 향교, 서원 참여 현황

		문중 참여 여부		카이제곱 (Pvaule)	향교 참여 여부		카이제곱 (Pvaule)	서원 참여 여부		카이제곱 (Pvaule)
		참여하지 않았음	참여 하였음		참여하지 않았음	참여 하였음		참여하지 않았음	참여 하였음	
전체		74.1%	25.9%		74.3%	25.7%		76.8%	23.2%	
성씨	성산이씨	24.3%	75.7%	670.213 (.000)	89.6%	10.4%	70.706 (.000)	89.3%	10.7%	134.699 (.000)
	의성김씨	87.0%	13.0%		69.6%	30.4%		68.1%	31.9%	
	청주정씨	100.0			83.0%	17.0%		14.9%	85.1%	
	기타	100.0			65.1%	34.9%		75.4%	24.6%	
연령	40대 이하	42.9%	57.1%	22.767 (.000)	96.4%	3.6%	32.920 (.000)	78.6%	21.4%	7.446 (.114)
	50대	68.3%	31.7%		91.1%	8.9%		86.1%	13.9%	
	60대	73.6%	26.4%		76.8%	23.2%		79.1%	20.9%	
	70대	76.4%	23.6%		67.8%	32.2%		75.7%	24.3%	
	80대 이상	84.8%	15.2%		71.7%	28.3%		71.7%	28.3%	
주소지	성주	90.9%	9.1%	229.495 (.000)	70.0%	30.0%	123.850 (.000)	84.8%	15.2%	137.576 (.000)
	대구	46.4%	53.6%		93.5%	6.5%		52.3%	47.7%	
	경상도	45.4%	54.6%		96.9%	3.1%		53.8%	46.2%	
	서울	54.5%	45.5%		100.0			45.5%	54.5%	
	기타	57.3%	42.7%		47.3%	52.7%		93.1%	6.9%	

마지막으로 서원 참여와 성씨, 연령, 주소지 사이에 통계적으로 의의가 있다.(P값이 .000) 청주정씨(85.1%)와 의성김씨(31.9%)의 경우가 다른 성씨들에 비해 수치가 높았고, 상대적으로 성산이씨(10.7%)의 경우 그 수치가 낮게 나타났다. 그런데 의성김씨와 청주정씨는 서원을 갖고 있다는 점, 성주지역의 대표적인 문중이라는 점 등의 동일한 점을 갖고 있음에도 불구하고, 서원 참여율에서 청주정씨의 참여율이 상당히 높게 나타났다. 연령과 서원 참여와는 연관이 없는 것으로 나타났다.(P값이 .114) 서원의 특성상 다양한 유림들의 참여가 이루어지기 때문이라고 생각된다. 주소지에 따른 참여 여부를 살펴보면, 성주(15.2%), 대구(47.7%), 경상도(46.2%), 서울(54.5%) 순으로 나타났다. 그러나 실제 본 조사대상 중 59.2%가 성주지역 성원들이기 때문에 주소지별 참여율이 낮게 나왔다고는 하지만 상대적으로 참여자의 수는 많은 것으로 나타난다. 다른 지역의 참여율도 높게 나타났는데, 이는 서원 행사를 한 성씨의 문중 행사로 치르기보다는 학문과 사상을 존경하는 많은 문중들, 유림들에게 망기를 보내 참석해 주시기를 청하기 때문이다.

　　요약하자면, 전통적 유교공동체에 참여하는 세 성씨의 구성원들의 경우, 성산이씨는 문중 중심으로 공동체가 형성되어 있고, 의성김씨는 향교 중심으로 공동체가 형성되어 있는 반면, 청주정씨는 서원 중심으로 공동체가 형성되어 있는 경향이 나타나고 있다. 참여자의 연령이 문중은 60대, 향교와 서원은 70대가 주축이 되어 있어 모든 공동체에서 젊은 층의 참여가 저조한 것을 볼 수 있다.

2) 유교 관련 단체의 참여 현황

【표 3】을 요약하면 다음과 같다. 우선, 유도회 회원 여부와 성씨, 연령, 주소지 변수는 통계적 의의가 있는 것으로 나타났다.(P값이 .000) 성산이씨(11.0%)를 제외한 의성김씨(34.8%), 청주정씨(23.4%), 기타 성씨(69.0%) 순으로 성씨들이 고르게 분포되어 있다. 연령의 경우 80대의 회원 비율이 높게 나타났으며, 상대적으로 연령이 적을수록 회원 비율이 낮다는 것은 점차 유도회라는 조직의 성원이 줄어들 것이며 그 규모 또한 줄어들 것이라는 점을 예상할 수 있다. 그럼에도 여성유도회의 출범과 활발한 활동, 지역에서 이루어지는 유교공동체들의 행사, 향사에 활발히 참여하면서 상부상조의 정신을 발휘해 나가고 있는 점은 유도회의 변화와 발전의 가능성을 어느 정도 예측할 수 있게 한다. 주소지별 회원 여부의 경우, 유도회는 대체로 지역에 따라 조직되어 있어 상대적으로 다른 지역들에서는 유도회 회원의 가입이 낮게 나타난다.

다음으로 박약회와 성씨, 연령, 주소지에 대한 교차분석 결과 전체적으로 p<.05 이하라 통계적으로 의의가 있는 것으로 나타났다. 참여율 자체는 비교적 낮지만, 모든 성씨들이 고루 참여하고 있다.(성산이씨 14.5%, 의성김씨 24.6%, 청주정씨 14.9%, 기타 성씨 40.8%) 연령별 분포는 40대 이하에서 참석률이 28.6%, 50대에서 참석률이 46.5%, 60대에서 참석률이 34.4%, 70대에서 참석률이 29.1%, 80대 이상에서 참석률이 12.0%로 나타났다. 50대에서 참석률이 가장 높은 것으로 나타났는데, 유도회의 경우 60대~70대에서 참석률이 가장 높았던 것과는 다른 결

		유도회 회원 여부		카이제곱 (Pvaule)	박약회 회원 여부		카이제곱 (Pvaule)
		가입하지 않았음	가입 하였음		가입하지 않았음	가입 하였음	
전체		75.7%	24.3%		70.2%	29.8%	
성씨	성산이씨	89.0%	11.0%	51.372 (.000)	85.5%	14.5%	77.997 (.000)
	의성김씨	65.2%	34.8%		75.4%	24.6%	
	청주정씨	76.6%	23.4%		85.1%	14.9%	
	기타	69.0%	31.0%		59.2%	40.8%	
연령	40대 이하	96.4%	3.6%	58.299 (.000)	71.4%	28.6%	29.601 (.000)
	50대	92.1%	7.9%		53.5%	46.5%	
	60대	80.8%	19.2%		65.6%	34.4%	
	70대	67.8%	32.2%		70.9%	29.1%	
	80대 이상	55.4%	44.6%		88.0%	12.0%	
주소지	성주	60.6%	39.4%	188.040 (.000)	51.2%	48.8%	259.480 (.000)
	대구	96.1%	3.9%		96.1%	3.9%	
	경상도	98.5%	1.5%		97.7%	2.3%	
	서울	100.0			100.0%		
	기타	98.5%	1.5%		99.2%	.8%	

과라 할 수 있다. 지역별 분포를 살펴보면, 성주지역 성원들의 회원 여부율이 48.8%로 다른 지역들에 비해 높게 나타났다.

지금까지 성주지역 유교공동체 참여자 자료 분석을 통해 전통적 유교공동체(문중, 향교, 서원)와 유교 관련 단체(유도회, 박약회) 사이의 관계의 지형을 어느 정도 파악하였다.

유교공동체의 개방적 성향 : 문중 · 서원 ⟨ 향교 ⟨ 유도회 · 박약회 · 담수회

유교공동체들 사이 참여 구성원의 개방성을 보면, 문중과 서원이 가장 폐쇄적이고, 그다음이 향교, 그리고 유도회 · 박약회 · 담수회가 가장 개방적인 것으로 나타났다. 문중과 서원이 주로 혈연적 유대가 기반이 되었다면, 유도회 · 박약회 · 담수회는 유교적 가치를 공유한 사람들을 중심으로 구성되어 있음을 짐작할 수 있다. 향교는 그 중간에 위치하고 있다. 성주지역의 사회구조가 전통사회적 토대가 약화되고 근대화 · 산업화 · 도시화가 진전될수록 유교공동체의 성격도 변화하고 있음을 볼 수 있는데, 혈연 중심의 문중공동체, 학벌 중심의 서원공동체보다 현대사회에서 유교적 전통과 가치를 계승하려는 유교 관련 단체들이 활성화되고 있는 실정을 확인할 수 있다. 이제 이들 공동체 참여 구성원들 사이에 어떻게 상호작용이 이루어지고 있는지를 통계적으로 분석해 보기로 한다.

4. 유교공동체의 상호 연결망

1) 문중 관련 연결망

문중과 관련하여 다양한 유교적 공동체들과의 연결망을 알아보기 위하여 우선 서원과 향교와의 연관성에 대한 교차 분석을 실시하였다.

【표 4】를 보면, 문중에 참여하는 사람들에 비해 참여하지 않는 사람들이 서원에 참여한다는 비율이 더 높게 나타났다.(카이제곱=72.084, 자유도=1, 유의확률=.000) 이는 문중의 성원들은 문중 자체 활동에 더욱 집중하기 때문이라고 할 수 있다. 문중 참여자는 비참여자에 비해 향교, 서원에 덜 참여하는 경향이고(카이제곱=71.966, 자유도=1, 유의확률=.000), 문중 비참여자 가운데는 향교와 서원에 참여하여 공동체적 연결망을 형성하는 사람이 많다. 향교의 경우 성주지역의 문중들, 전체 유림들의 참여 속에 향사가 치러진다. 대체로 약 150여 명 정도의 유림

【표 4】 문중과 서원−향교 연결망

문중−향교 문중−서원 교차분석		향교		서원	
		참여하지 않았음	참여 하였음	참여하지 않았음	참여 하였음
문중	참여하지 않았음	67.5%	32.5%	70.2%	29.8%
	참여하였음	93.7%	6.3%	95.6%	4.4%
	전체	74.3%	25.7%	76.8%	23.2%

들이 참여하여 향사를 치르는데, 군수를 비롯하여 문중 대표, 유도회
와 박약회와 같은 유림 대표, 지역 유지들이 참여한다. 이때에도 서원
의 경우와 마찬가지로 대부분 초대한 인원들만 참여하는 경우가 대부
분이라 문중 성원들의 향교 참여율이 높을 것이라는 처음의 생각과는
다른 결과가 나타났다.

다음으로 문중을 유도회, 담수회, 박약회 등과 교차분석하였다.

【표 5】에 따르면, 유도회에 회원으로 가입되어 있지 않은 성원들
이 회원으로 가입되어 있는 성원들보다 문중[5]에 참여하는 비율이 더
높게 나타났다.(카이제곱=64.019, 자유도=1, 유의확률=.000) 또 담수회에 회
원으로 가입되어 있는 경우보다 가입되어 있지 않은 성원들이 문중에
참여하는 비율이 더 높게 나타났다.(카이제곱=28.803, 자유도=1, 유의확률
=.000) 담수회는 문중뿐만 아니라 지역 성원들이면 누구나 다 회원이
될 수 있다. 또한 박약회에 회원으로 가입하지 않은 경우가 가입한 경
우보다 문중에 참여하는 비율이 더 높게 나타났다.(카이제곱=93.517, 자유
도=1, 유의확률=.000) 요약하면, 유도회, 담수회, 박약회 등 유교 관련 단
체에 참여하는 사람 가운데는 문중에 참여하지 않은 사람들이 많았다.
달리 말하면 문중의 기반이 없는 사람들도 유교 관련 단체에서 많이
활동하고 있음을 볼 수 있다.

---

5) 이때 문중이라고 하면 대표적인 세 개의 문중들(성산이씨, 청주정씨, 의성김씨)이
   참여하는 향사를 의미한다. 따라서 기타 다른 성씨들은 문중 참여 변수에서 제외
   되었다.

【표 5】 문중과 유도회−담수회−박약회 연결망

문중−유도회의 교차분석		유도회		문중−담수회의 교차분석		담수회		문중−박약회의 교차분석		박약회	
		회원 미가입	회원 가입			회원 미가입	회원 가입			회원 미가입	회원 가입
문중	참여하지 않았음	69.4%	30.6%	문중	참여하지 않았음	86.3%	13.7%	문중	참여하지 않았음	62.0%	38.0%
	참여하였음	93.7%	6.3%		참여하였음	97.0%	3.0%		참여하였음	93.3%	6.7%
전체		75.7%	24.3%	전체		89.1%	10.9%	전체		70.2%	29.8%

결과적으로 유도회, 담수회, 박약회와 같은 유교적 공동체들과 개별 문중들과의 사이에는 정적인 연관 관계가 존재하지 않았다. 즉 유교공동체들의 회원인 경우에 개별 문중들의 향사에 더 적극적으로 참여할 것이라는 생각은 잘못된 것이었다. 문중의 향사는 이제 오로지 개별 문중 자체의 행사로만 치러지고 있어, 서원, 향교와 같은 제도적 기관이나 유교 관련 단체들과 큰 연관성을 갖고 있지는 않았다. 이는 두 가지의 이유를 들 수 있는데, 하나는 문중들의 경우 대체로 문중의 자체활동에 치중하고 있는 것을 그 원인으로 들 수 있다. 다른 하나는 서원 행사의 경우 초청하는 성원을 한정하고 있고 회연서원과 청천서원이 문중서원의 성격을 갖고 있어 타 문중들과의 교류가 적기 때문일 것이다.

2) 서원 관련 연결망

서원과 다른 유교공동체들 간의 연결망의 특징을 알아보기 위하여

서원과 향교, 유도회, 박약회, 담수회 등과의 교차 분석을 실시하였다.

서원에 참여 안 하는 사람들이 서원에 참여하는 사람들보다 향교의 향사에 참여하는 비율이 더 높게 나타났다.(카이제곱=5.714, 자유도=1, 유의확률=.017) 서원 참여자와 향교 참여자는 서로 중복 참여하는 사람이 적다. 반면 유도회와 담수회에 중복하여 참여하는 경우는 많은 편이다. 서원 참여자는 또 유도회, 담수회 가입 여부와는 연관을 갖지 않았으며(카이제곱=1.762, 자유도=1, 유의확률=.184), 서원에 참여하지 않는 사람들이 박약회의 회원으로 더 많이 가입하고 있다(카이제곱=25.068, 자유도=1, 유의확률=.000). 담수회의 회원 가입 여부와 서원 참여 여부는 연관성이 존재하지 않으며, 상호 독립적으로 운영되어진다고 할 수 있다.(카이제곱=2.317, 자유도=1, 유의확률=.128) 이는 유도회, 담수회가 비교적 개방적으로 운영되고 있음을 보여 준다.

서원의 경우 다른 유교공동체들과의 연결망이 거의 존재하지 않는 것으로 나타났는데, 본 조사에서 분석대상으로 삼은 서원이 특정

【표 6】 서원과 향교-유도회-박약회-담수회 간 연결망

서원-향교의 교차분석		향교		유도회		박약회		담수회	
		참여하지 않았음	참여하였음	회원 미가입	회원 가입	회원 미가입	회원 가입	회원 미가입	회원 가입
서원	참여하지 않았음	72.5%	27.5%	74.8%	25.3%	66.3%	33.8%	88.3%	11.8%
	참여하였음	80.2%	19.8%	78.9%	21.1%	83.1%	16.9%	91.7%	8.3%
전체		74.3%	25.7%	75.7%	24.3%	70.2%	29.8%	89.1%	10.9%

문중과 연결되어 있기 때문일 수도 있으나, 현재 서원의 유교공동체로
서의 역할이 미미하다는 것이 더 적절한 판단이라고 할 수 있다.

3) 향교 관련 연결망

【표 7】에 따르면, 향교에 참여하는 사람은 유도회에 많이 참여하
는 반면(카이제곱=57.637, 자유도=1, 유의확률=.000), 담수회와 박약회의 참
여 여부와는 별 상관관계가 없는 것으로 나타났다. 향교의 경우 타 문
중의 성원들, 지역 성원들 및 유림들이 다 같이 참석하고 있으므로 향
교에 참석하는 성원들은 대체로 유교적 가치와 문화, 전통을 지향한
다. 따라서 유도회와 같은 유교적 공동체의 모임에 참여하고 있는 성
원들의 경우 향교와 유교적 가치를 공유하고 있기 때문에 정적인 연관
성을 갖고 있는 것이다. 담수회 회원 가입 여부와 향교 참여 사이도 연
관성이 존재하지 않는다.(카이제곱=1.663, 자유도=1, 유의확률=.197) 즉 박약

【표 7】 향교와 유도회－담수회－박약회 간 연결망

향교－유도회의 교차분석		유도회		담수회		박약회	
		회원 미가입	회원 가입	회원 미가입	회원 가입	회원 미가입	회원 가입
향교	참여하지 않았음	81.7%	18.3%	89.8%	10.2%	70.7%	29.3%
	참여하였음	58.6%	41.4%	86.9%	13.1%	68.7%	31.3%
	전체	75.7%	24.3%	89.1%	10.9%		

회 회원 가입 여부와 향교 참여 여부 또한 아무런 연관관계가 없다.(카이제곱=.386, 자유도=1, 유의확률=.534) 이는 향교와 같은 제도적이고 공식적인 기관의 향사에는 대부분의 유교공동체 성원들이 참여하고, 유교 관련 단체 참여와도 연관성이 있을 것이라는 일반적인 생각과는 다른 결과라 할 수 있다.

4) 유교 관련 단체들의 연결망

유도회에 참여하는 사람들이 참여 안 하는 사람들에 비해 담수회에 참여하는 비율이 더 높게 나타났다.(카이제곱=10.987, 자유도=1, 유의확률=.001) 유도회와 담수회의 경우 유교적 가치를 공유하는 사람들이 주로 참여하며 두 집단 사이에 어느 정도 연관성이 존재한다. 유도회에 참여하는 사람들이 참여 안 하는 사람들에 비해 박약회에 참여하는 비율이 더 높게 나타났다.(카이제곱=58.615, 자유도=1, 유의확률=.000) 또 담수

【표 8】 유도회-담수회-박약회 간 연결망의 특징

유도회-담수회의 교차분석		담수회		박약회		담수회-박약회의 교차분석		박약회	
		회원 미가입	회원 가입	회원 미가입	회원 가입			회원 미가입	회원 가입
유도회	회원 미가입	90.9%	9.1%	76.3%	23.7%	담수회	참여하지 않았음	71.4%	28.6%
	회원가입	83.4%	16.6%	51.0%	49.0%		참여하였음	59.6%	40.4%
전체		89.1%	10.9%	70.2%	29.8%	전체		70.2%	29.8%

회에 참여하는 사람들은 참여 안 하는 사람들에 비해 박약회 회원 가입 비율이 더 높게 나타났다.(카이제곱=6.746, 자유도=1, 유의확률=.009) 담수회와 박약회는 공동체의 목적이 유사하긴 하지만, 하나는 민족정체성과 민족문화에, 다른 하나는 유교적 전통과 가치에 더 중점을 두고 있다. 그러나 둘 다 유교적 가치와 전통, 민족성을 바탕으로 하는 지역의 유교적 공동체라는 유사성을 갖고 있다. 이러한 유사성이 두 공동체의 연결망의 바탕이라 할 수 있다.

결론적으로 유교 관련 단체(유도회, 담수회, 박약회) 간에는 상당한 연관성이 있다. 회원 가입에 큰 제한이 있는 것도 아니어서 이와 비슷한 가치를 공유하고 있거나 관심이 있는 성원들은 누구든지 가입할 수 있다. 따라서 중복 가입되어 있는 경우가 대부분이다. 조사 결과에서도 세 개의 공동체들은 각각 참여 여부와 관련하여 상호 연관성을 갖고 있는 것으로 분석되었다. 즉, 유도회, 담수회, 박약회에 가입되어 있는 성원들에게 유사성이 존재하며 공동체 간에도 일정한 연관성이 있다는 것이다.

위의 연구 분석을 토대로 유교공동체들 간의 연결망의 특징을 정리해 보면 다음과 같다.

첫째, 혈연을 기반으로 하는 문중과 문중을 토대로 한 서원은 여타 유교공동체(향교, 유도회, 박약회, 담수회)와의 연결망이 약화되어 있다. 전통사회에서 가장 강력한 공동체 기반이던 혈연관계가 보다 보편적인 가치·이념관계로 대체되어 가고 있음을 보여 주는 것이라 하겠다.

둘째, 전통공동체(문중, 향교) 상호 간의 연결망도 위축되고 있다.

문중들의 경우 다른 유교적 공동체들과의 연관성에 대한 교차분석 결과, 통계적 의의가 거의 없었다. 이는 두 가지의 이유를 들 수 있는데, 하나는 문중들의 경우 대체로 문중의 자체활동에 치중하고 있는 것을 그 원인으로 들 수 있다. 다른 하나는 서원들의 경우 대개 초청하는 성원을 한정하고 있어, 문중서원이 된 회연서원과 청천서원의 경우 그 문중을 제외한 타 문중들과의 관계에 있어 연계성이 없는 것으로 나타났다. 향교의 경우 다양한 문중들의 참여가 이루어지는 곳이므로 특정한 문중과 연결망을 형성하고 있지는 않았다. 그러나 유도회나 박약회와는 상대적으로 연관성을 갖고 있는 것으로 나타났다. 즉 특정 문중과는 연관성이 없으나 지역의 유교적 공동체들과는 일정한 연관성을 갖고 있다는 것이다. 담수회의 경우는 그 역사가 짧고 회원들의 수가 적어 아직은 통계적으로 의의를 발견할 수 없다.

셋째, 유교 관련 단체들(유도회, 담수회, 박약회) 간에는 상당한 연관성이 있다. 유도회, 박약회, 담수회 등은 지역 성원들을 대상으로 유교적 가치와 도덕, 도의를 목적으로 하는 공동체이다. 회원 가입에 큰 제한이 있는 것도 아니어서 이와 비슷한 가치를 공유하고 있거나 관심이 있는 성원들은 누구든지 가입할 수 있다. 따라서 중복 가입되어 있는 경우가 대부분이다. 조사 결과에서도 세 개의 공동체들은 각각 참여 여부와 관련하여 상호 연관성을 갖고 있는 것으로 분석되었다. 즉, 유도회, 담수회, 박약회에 가입되어 있는 성원들에게 유사성이 존재하며 공동체 간에도 일정한 연관성이 있다는 것이다.

넷째, 계모임의 경우 다른 유교공동체들과는 달리 그 규모가 작고

성원들이 서로 잘 알고 있다는 특징을 갖고 있다. 계모임은 친목을 목적으로 하고, 관혼상제 때 상부상조를 회칙에 넣고 모든 성원들의 참석을 규정하기도 한다. 계모임의 계원들의 관계가 다른 유교공동체들보다 더 깊다고 할 수 있다.

다섯째, 문중, 서원, 향교, 기타 다른 유교공동체 성원 혹은 회원으로 참여하는 경우 대체로 유교적 공동체의 향사 모임에 참여하는 횟수와 상당한 연관성을 가진다. 모임에 참여하는 횟수가 높을수록 다양한 유교공동체의 성원으로 참여하고 있거나 회원으로 가입되어 있는 경향이 높게 나타났다. 이는 유교적 가치, 의식, 이데올로기가 내면화되어 있을수록 다른 향사의 모임에 참여하는 횟수가 높게 나타나는 것이다.

5. 사회 자본으로서의 유교공동체

이제 유교공통체가 갖는 사회적 자본으로서의 가치에 대해 언급하는 것으로 이 논의를 마무리하고자 한다. 유교공동체의 존재 가치는 보는 시각과 관점에 따라 다양하게 평가될 수 있을 것이다. 정치적 관점에서는 국가에 대항하는 시민사회의 한 주체로 간주할 수 있을 것이고, 행정의 관점에서는 정부와의 협치의 중요한 파트너로 인식될 수도 있다. 교육의 관점에서는 공식교육이 미처 감당하지 못하는 인성교육장으로서 활용가치가 있겠고, 문화의 관점에서는 전통문화의 원형을 보존하고 있다는 점에 주목할 수 있겠다. 특히 현대 한국 사회는 서구의 개인주의가 만연함에 따라 많은 사회병리적 현상이 발생해 왔는데, 이에 대한 대안으로 공동체주의의 산실로서 존재가치가 있다. 일부 공동체주의 학자들은 현대사회에서 덕德에 의한 질서를 강조하는데, 덕으로써 인간적이고 정서적인 관계를 유지하고 비경쟁적, 비교환적 관계가 형성됨으로써 개인주의적 병폐를 극복할 수 있다고 보았다. 그리고 어떤 학자는 구성적 공동체 이론을 주장하며 개인의 정체성을 구성하고 삶의 방향, 행복 등에 중요한 기반으로 작용하는 공동체의 필요성을 제기하였다.

여기서는 유교공동체가 갖는 사회적 자본으로서의 가치에 주목해 보고자 한다. 푸트남(Putnam)이란 학자는 "사회적 자본이란 참여자들이 협력하도록 함으로써 공유한 목적을 효과적으로 성취하도록 만드는 신뢰, 규범, 네트워크와 같은 사회조직의 특질"이라고 정의하고 있다. 푸트남은 사회자본을 사회구성원의 상호 이익을 위해 조정과 협력을 촉진하는 것을 의미한다고 하였다. 나아가 이러한 사회자본이 축적된 사회는 구성원의 신뢰를 높이며 상호 관계를 더욱 활발하게 하여 성원들의 행복을 높이는 역할을 하고 동시에 사회적으로 거래 비용을 줄여 경제 전반의 발전을 촉진시키는 효과를 창출한다고 보았다. "우리 사회의 근대화는 전통적인 유교적 인격윤리가 외부로부터 수입된 시장과 법치라는 제도와 만나면서 시작되었지만, 동시에 이러한 결합의 결과로 인해 전통은 해체되었다기보다는 오히려 잔존하고 변용되어 오늘날 전 세계에서 가장 역동적인 자본주의와 민주주의의 전개에 디딤돌 역할을 하고 있다"라고 주장하면서 유교적 이념과 가치가 재평가

되어야 한다고 강조하였다. 그는 한국의 전통 속에 내재되어 있는 공동체주의적 자원을 사회자본 개념으로 해석해 낸 것이다. 나아가 한국 사회에서는 공적 영역이든 사적 영역이든 유교적 사회자본이 풍부하게 내재되어 있으며, 앞으로도 이를 적극 활용해야 한다고 주장한다.

지금까지 살펴 본 유교공동체의 현실과 연결망이 갖는 유교적 사회적 자본을 요약해 보면 다음과 같다.

첫째, 지역사회의 주요한 연결망을 구축한다.

위의 분석 결과에 따르면, 향교나 서원, 문중들 간에는 뚜렷하게 연관성이 나타나지 않았다. 그러나 심층면접 과정을 통해 서원이나 향교의 경우는 다른 문중이나 유교 관련 단체들에 망기를 보내어 향사에 참여해 주기를 청하는 것을 볼 수 있었다. 특히 이러한 과정을 통해 초대되는 사람들은 덕망이 높아 다른 성원들로부터 존경받으면서 문중이나 또 다른 모임에서 많은 활동을 하고 있는 경우가 대부분이라고 하였다. 즉 이들 공동체 간의 연관성에 대해서 통계적 의의를 찾을 수는 없었으나, 일정한 연결망은 유지하고 있는 것으로 보인다.

둘째, 예禮와 규범을 강화하는 역할을 함으로써 지역의 정체성을 형성하는 데 일조한다.

예는 문중의 전통성과 정체성을 이어 가는 의례라는 형식과 공동체 구성원의 관계맺음 속에 작동하는 예로 구성되어져 있다. 그리고 예는 모든 구성원들 사이에서 자신의 역할, 신분, 지위 등 정체성을 갖게 하는 상호 관련된 개인의 행위를 규정하는 역할을 한다. 그러므로 유교공동체 내에서 실현되는 예는 개인의 도덕적, 사회적 행위의 기준이 되는 규범의 역할을 한다. 이러한 역할들을 통해 유교공동체는 지역 공동체 내부 성원들의 가치와 규범을 형성하는 한 부분이 된다.

셋째, 상호 교제, 교류, 상부상조를 통해 구성원들 상호 간의 신뢰를 증진시키는 역할을 한다.

문중의 종규를 살펴보면, 대종회를 설립, 운영하는 목적 중 주요한 내용으로 들어가는 것이 상부상조의 정신이다. 혈연을 기반으로 하여 자연 발생적으로 형성된 문중들은 상부상조를 통해 상호 간의 신뢰를 쌓아 간다. 이러한 신뢰는 다른 어떤 자원보다 중요한 사회자본이 된다.

넷째, 동류同流의식과 동향同鄕의식과 같은 유림으로서의 정체성을 공유함으로써 지역사회에서 공·사적인 사회적 관계의 사회적 거래 비용을 줄이는 데 기여한다. 유림으로서의 정체성을 토대로 향교나 서원의 향사, 다른 유교 관련 단체에 관여함으로써 다양한 계층의 사회적 성원들을 만나게 된다. 공·사적으로 사회적 관계를 형성하게 되고 이는 사회적 거래 비용을 줄이는 데 도움을 준다.

요약하면 유교공동체는 성주지역에서 나름의 사회적 연결망을 유지, 존속해 오고 있으며 이러한 연결망을 통해 사회적 관계를 형성하고 사회적 거래 비용을 줄이는 데 기여한다. 동시에 공동체를 유지하는 데 중요한 요소인 예禮와 규범을 강화시키는 데 일조한다. 학문적, 실천적 차원에서의 다양한 활동을 통해 지역사회 성원들에게 유교적 가치와 이념을 심어 주고자하는 것이 공동체를 하나로 엮어 주기 위한 중요한 토대가 되는 것이다. 물론 현재 이러한 노력들은 재정적인 이유와 지원체계의 부족, 사회적 편견 등으로 활발히 이루어지고 있는 것은 아니다. 다만 이러한 노력들이 일정하게 지역 성원들을 하나의 공동체 성원으로 인식시키는 데 기여하는 부분이 있다는 것이다. 특히 이러한 활동을 벌여 나가는 힘이 바로 성원들 간의 신뢰라고 할 때, 유교공동체는 성주 지역사회의 사회적 자본이 된다. 따라서 지역정부는 지역의 발전을 위한 다양한 정책을 형성, 시행하고자 할 때 이러한 사회적 자본을 활용하는 것이 필요하다.

❁ 외국인의 눈으로 본 한국의 종가문화

마크 피터슨(미국 브리검 영 대학교)

우리 집 식당 벽에는 혼인에 즈음하여 시어머니의 명의로 새 며느리에게 결혼선물을 준 사실을 한 사촌이 기록해 둔 문서 하나가 붙어 있다. 선물은 혼인 후 "그녀의 삶을 보다 편안하게 만들어 줄" 다섯 명의 노비들이었다.

이 문서의 연대는 1695년이다. 이미 17세기 말에 시작된 것이지만, 여성들은 상속권과 더불어 그들의 재산권을 상실했다. 시어머니가 며느리에게 준 선물은 일정 부분의 토지가 아닌 노비 다섯 명이라는 조그마한 귀중품에 불과했을지도 모른다.

17세기 말까지 그리고 18세기에 들어와서도 여성들은 재산권과 상속권을 보유하고 있었다. 하지만 이 전환 이후에는 여성들은 동등한 상속분을 받지 못했다. 오히려 이 혈통원리 즉 '종법'의 개념 아래서 재산은 연령이 높은 자손 곧 '종손宗孫'의 지배권하에 놓이게 되었다. 여타의 다른 아들들과 손자들도 재산을 소유하곤 했다. 그러나 이제 더 이상 여성들은 재산을 지배하지 못하였다. 18세기 이전에는 재산분배문서(分財記)가 남아 있지만, 18세기 이후에는 재산분배문서들을 찾아볼 수 없다는 것에 주목하는 것은 흥미롭다.

또한 우리는 이 혈통원리 확립의 증거를 서로 다른 두 종류의 문서들—입양(양자) 관련 문서와 족보(genealogies) 관련 문서들—에서 본다.

이제 17세기 말 그리고 18세기 초에 이 혈통원리가 확립됐다는 사실을 확인하는 증거를 살펴보기 위해서 상속문서와 입양문서들 그리고 족보들을 검토해 보도록 하자.

상속문서(Inheritance Documents)

상속분배문서들을 검토해 보면, 우리는 한때는 재산이 남자이건 여자이 건 간에 모든 형제자매들 사이에서 동등하게 나누어졌다는 것을 알 수 있다. 이 원리는 왕조의 법전인 『경국대전』에서 확립되었고 17세기 말경까지 충실 하게 지켜졌다. 재산분배문서에는 종종 재산이 동등하게 분할되어야 한다고 언급하는 『경국대전』의 규정을 인용하고 있고, 이 문서는 계속해서 노비와 토 지의 정확한 분할이 절대적으로 동등하게 이루어져야 함을 명시하고 있다.

이 관행은 17세기 말과 18세기 초에 종말을 고하게 된다. 이것은 전국의 모든 지역에서 적용되었고 상층계급에 의해서 주도되어 모든 사회계층으로 스며들어 갔다. 상속관행에서의 이러한 변화는 이 혈통원리의 완성을 표시하 는 가장 훌륭한 지표들 중 하나이다.

입양문서(Adoption Documents)

입양문서들은 17세기 말 18세기 초의 전환을 보여 준다. 나는 36년 전 한 국의 족보들에서 나타난 입양을 검토한 석사학위프로그램 세미나로 학문적 경력을 시작했다. 나중에 이 연구는 1974년 Korea Journal 11월호를 통해 출판

되었다.

그 논문에서 나는 한국의 역사적인 입양관행(양자관행)들에 관한 몇 가지 사실들을 찾아냈다. 이후에 나는 박사학위논문에서 이전에 내가 밝혀낸 바의 더욱더 흥미로운 양상들이 -한국의 관행이 전형적인 사례가 되는- "부계입양"(agnatic adoption)이라고 일컬어진다는 사실을 밝혔다.

나는 한국 역사에서 "입양"에 관련한 상황이 조선왕조의 각 세기마다 근본적으로 서로 달랐다는 것을 발견했다. 사실상 18세기에 들어와서야 비로소 입양(양자)에 대한 가장 높은 수치의 관심에 도달하였다. 족보상에서 입양이 그 정점에 도달한 시기는 15세기 세종조가 아니라 18세기에 들어와서이다. 이것이 갖는 의미는 15, 16, 17세기 조선왕조에서 부계입양이 완전하게 관행화되지는 않았다는 것이다. 즉 부계입양이 최고 수준에 도달한 시기는 18세기 그리고 심지어 19세기였던 것이다.

여러 다양한 사회에 관한 연구들(중국, 인도)은 우리에게 유전학적으로나 혹은 자연법칙에 의해서 부부 중 대략 15%는 아들을 한 명도 갖지 못한다-무자녀이거나 혹은 딸만을 자식으로 갖는다-는 것을 보여 주고 있다. 우리가 포화점 혹은 극한점이라고 지칭할 수 있는 15% 수준의 부계입양 비율에 한국이 도달하는 것은 19세기에 와서야 비로소 가능했다.

조선 전기에 입양은, 그것에 중앙정부가 개입하기 시작하였던 조선 말기의 방식과는 상이하게, 전적으로 가계(lineage)만의 관심사였다. 늦어도 17세기 말경에 오면 우리는 정부가 입양에 관한 기록들을 챙겨 보관하기 시작하는 것을 본다. 바로 그것(『경국대전』) 안에서 "양측의 가족들 모두"가 제의 받은 입양에 동의할 것을 요구 당했다. 조선왕조의 법전의 『경국대전』에서 따온 그 구절의 의미가 17세기의 행로를 바꾸어 놓았던 것이다.

1618년부터 시작하는 입양에 대한 등본(繼後謄錄)에 따르면 "당사자인 가족들 양측 모두"라는 구절은 서로 다른 성姓을 가진 사람들을 언급한 것이었다. 몇몇 케이스에서 나는 한쪽 당사자의 이름은 남편 가족의 이름이고, 다른 한쪽은 아내 가족의 이름이었던 것을 확인할 수 있었다. 이 두 가족 대표자들은 남편 가계의 연장자와 아내 가계의 연장자들로서, 그들은 그 제안된 입양이 모든 관심사에 걸쳐 두루 유효하다는 판단을 내리고 그것을 표시하는 문서들을 중앙정부에 제출하는 데 동의한 사람들이었다.

　　시간이 경과함에 따라서 아내 가족의 대표자들은 점점 고려 대상에서 제외되게 되었고, 오히려 "양측 가족 모두"(both sides of the family)라는 구절은 남편 가계의 양측−입양을 하는 가족 측(양부 측)과 입양되는 아이를 넘겨주는 가족 측(생부 측)−만을 의미하게 되었다.

　　계후등록繼後謄錄은 또한 이 두 아버지−양부와 생부− 간의 족보상의 거리(genealogical distance)가 17세기, 18세기, 19세기를 거치면서 점점 더 멀어지는 것을 분명하게 보여 준다. 말하자면 초기에 서로 아들들을 교환하던 사람들이 형제지간이나 사촌 간이었던 데 반해, 나중에는 8촌이나 12촌, 나아가서 결국에는 20촌이나 40촌까지의 먼 친척들이 입양의 당사자들이 되었다. 달리 말해서 초기에는 피입양인이 같은 조부의 손자였는데, 나중에는 아들을 서로 교환한 사람들이 서로 10대 혹은 심지어 20대나 앞서 살았던 선조에 의해 겨우 연결된 부모들이었던 것이다. 한 세대를 30년으로 잡아 계산하면 40촌 간에 이루어진 입양의 경우 그들의 공동 조상은 600년도 더 이전에 살았던 것이된다.

　　계후등록繼後謄錄에서 보이는 것처럼 입양 결정에 있어서 아내 가족의 개입은 족보상에서는 볼 수 없다. 그러나 왕조의 후대로 갈수록 좀 더 거리가 먼 친척에게로 가는 경향성은 찾아볼 수 있다. 등록에는 20촌, 30촌, 40촌 이상, 혹은 촌수가 얼마건 간에 그 관계가 명백하게 기재되어 있다. 반면 족보에는 위아래로 찾아서 촌수를 헤아리고 해야만 하지만 그들의 관계를 결국 찾을 수 없다. 그리고 족보는 앞선 시기에는 가까운 사촌과 형제간 입양이 이루어졌고, 족보에 기록된 보다 후대의 시기에는 좀 더 먼 친척 간—항상 입양이 이루어져 온 형제들과 사촌들에 추가하여—의 입양이 행해졌음을 분명하게 보여 준다.

우리는 입양에 있어서 나타난 변화들을 측정하는 것이야말로 한국 사회의 변화를 측정하기 위해서 활용 가능한, 보다 수량화가 가능한 척도(quantifiable measures)라고 결론 내릴 수 있을지도 모른다. 나는 조선왕조의 "변화" 정도에 관해서 나와 치열하게 논의하였던 나의 사랑하는 멘토이자 스승인 송준호 선생을 떠올리게 된다. 내가 송준호 교수를 깊이 존경하고 경탄해마지 않았음에도 불구하고, 세기가 진행함에 따라 조선 사회에는 심대한 변화가 있었음을 말해 주는 내 데이터를 따르지 않을 수 없었다. 그러나 한편으로 나는 우리 동료 연구자들 중 일부가 "모든 덤불들의 배후에서"(behind every bush) 변화를 찾는다고 하는, 혹은 달리 표현하면 실제로 거기에 존재했던 것보다 훨씬 더 많은 변화를 찾는다는 송 교수의 견해에 동의한다. 여기 하나의 스펙트럼이 있다. 한쪽 일단에는 (실제적인 변화는 없었다고 하는) 송 교수의 보수적인 견해가 있다. 그리고 다른 한쪽 끝에는 모든 장소, 모든 방식, 모든 제도에 걸쳐 근본적인 변화가 있었다는 견해가 존재한다. 그러한 스펙트럼이 주어질 때 놀랍게도 나는 송 교수와 상당히 가까운 곳에 있는 내 자신을 발견하는데, 즉 나는 그 변화 정도를 크게 해석하는 학자들은 실제로 당시에 발생하였던 사회변화의 양을 과장하고 있다고 생각한다. 우리에게 필요한 것은 사회변화의 종류와 정도를 정확하게 측정하기 위한 일련의 측정 수단들이다. 입양은 우리가 찾을 수 있는 가장 정확한 측정 장치들 중 하나다.

입양에 있어서의 변화는 사회변화가 그렇듯 점진적이고 느렸다. 입양에 있어서 변화는 확고하고 되돌릴 수 없었다. 보다 광범위한 사회에서의 변화들 또한 마찬가지였다. 실제로 다가오는 변화들을 역전시키려고 한 시도들이 있었다. 최초에는 매우 적은 양의 재산을 주고 이후에 딸들이나 사위들에게 좀 더 재산을 주려는 경상도 북부에서의 상속재산 재할당 시도들을 보라. 딸들 그룹은 최초의 재산분배에서 일정하게 상속을 받지 않았다는 사실만으로는 균등(동등한 몫)을 주장할 수 없었다. 상속재산의 아주 적은 부분을 주장하는 딸들의 그러한 시도들조차도 곧 완전히 실패로 돌아갔고 한국은 조선 말기의 이상적인 가부장제 사회가 되었다.

이 지점에서 입양과 상속관행들에 있어서의 변화들을 살핌으로써 우리는 조선 사회의 변화의 양(크기)에 대한 하나의 척도를 가진다. 하지만 그러한 변화들에 대해 우리는 무엇을 말하여야 할까?

족보(Genealogies)

한국의 족보는 항상 우리가 최근에 보는 구성방식(format)으로 보존되어 오지는 않았다. 오늘날 흔히 볼 수 있는 한국의 족보는 지금껏 전통시기의 구성방식으로 쭉 이어져 왔고, 언제까지나 동일한 형태에서 크게 벗어나지 않았을 거라는 가정이 있을 수 있다. 그러나 우리가 조선 초기를 살펴보면 족보들은 지금과는 근본적으로 다른 문서였다.

전통적인 족보들은 혈통원리(종법)−적장자승통이 주된 라인. 즉 족보상 가계의 제일 첫 번째 라인이 되는—의 증거를 드러내 보인다. 전형적인 전통 족보는 적장자의 라인이 선명하게 보이는 방식의 구조를 가지고 있다. 다른 아들들은 다음 라인에 그들의 후손들과 등재된다. 아들들이 모두 등재된 후 딸들도 등재되지만('男先女後'—남자 먼저, 여자는 나중에 올림), 그들의 후손은 족보에 오르지 않는다.

그러나 최초의 족보들은 달랐다. 그것들은 종법에 집착하여 얽매이지 않았다. 최초의 족보는 1476년의 『안동권씨세보安東權氏世譜』다. 『안동권씨세보』의 내용 곳곳에서 드러나듯이 우리는 거기에서 근본적으로 다른 사회를 본다.

아들과 딸들은 아들이 먼저 오르고 딸이 나중에 오르는 게 아니라 출생 순서에 따라서 등재된다. 딸들이 등재된 라인들은 아들들 라인 못지않게 상세하게 이어졌다.

안동권씨족보의 가장 놀랄 만한 점은 그 가계 딸들의 재혼을 기록한 것이다. 그리고 바로 이 점에서 혈통(lineage)이라는 말은 후대의 족보들이 갖고 있는 혈통의 의미와는 완전하게 다른 내포(connotation)를 가지게 된다. 이 안동권씨족보에 수록된 이름의 10%만이 권씨이고, 나머지는 모두 김씨, 박씨, 이씨, 최씨, 정씨 등 다른 성씨집단들이라는 사실에 주목해 보라. 당시의 '가계家系 내지 가家'는 18, 19, 20세기의 의미와는 다른 무엇을 의미했다.

조선 후기의 가치관으로는 매우 이례적임에도 불구하고, 재혼 사실의 등재가 이 1476년 (안동권씨)족보에서는 흔한 일이다. 여기에는 10개의 사례들이 나온다. 일부 사례는 여자들이 과부로 살아온 것처럼 보이지만, 그러나 다른 사례들에서는 아내와 그의 첫 남편이 모두 생존한 것으로 보아 이 결혼은 이혼으로 끝난 것이 분명하다.

두 경우 모두, 이혼이건 남편의 죽음이건 간에, 그 여자들은 충직한 여인-열녀-이 되도록 강요받았다. 조선 말기의 교의(doctrine)에 의하면 여자는 일단 혼인을 하면 그녀의 시아버지 집에 평생 머물 운명에 처한다. 이혼은 허용되지 않았다. 그리고 만일 남편이 사망하면 미망인은 그녀가 아무리 어릴지라도 죽을 때까지 시집에 남아 있어야 했다.

이 원칙은 1476년의 『안동권씨세보』에서나 1535년의 『문화류씨보文化柳氏譜』 어디에도 확립되어 있지 않았다. 단지 『문화류씨보』에는 다음과 같은 편집노트가 붙어 있다. "우리는 여자의 재혼을 인정하지 않는다. 하지만 우리에게 전해 내려온 이 족보에 재혼이 그런 식으로 기록되어 온 것도 사실이다."

이 세 종류의 문서들-상속문서, 입양문서, 족보-을 통해서 우리는 조선 말기와 비교할 때 조선 전기가 근본적으로 다른 사회였음을 알 수 있다. 이 차이가 17세기 말 조선에서의 종법확립을 보여 주는 증거다.

우리는 이 이슈를 다양한 각도에서 볼 수 있다. 종교 혹은 철학의 관점에서 이것은 새로운 정통성(orthodoxy)-유교적 정통-의 채택을 가늠하는 척도가 된다.

사회학적으로 가장 큰 충격은 결혼제도에 가해졌다. 이제 더 이상 신랑과 신부는 신랑의 마을 또는 신부의 마을, 혹은 다른 새로운 마을에서 혼례를 올릴 것(그리고 거주할 것)을 선택하지 못했다. 즉 종법과 부계거주(patrilocal: 부부가 남편의 가족과 동거하는)원칙의 확립이 이루어지게 된 것이다.

정치적으로 조정은 일찍이 수세기 전에 유교적인 원칙들을 채택했지만, 그들은 적장자가 의례를 주관하여 수행해야 한다고 언급한 『주례周禮』 및 여타의 책들 속에서 중점적으로 강조된 관행들과 타협하는 선에 머물렀다. 조선은 처음부터 분할상속의 기반에 입각하고 있었다. 따라서 사람들은 유교를 그들의 고유한 방식으로, 즉 한국스타일의 유교를 채택하기로 결정했다.

외교적 측면에서 명조의 멸망과 비非한족인 만주족 청나라의 흥기는 조선에 엄청난 충격을 불러왔다. 조선은 청나라 조정에 충성을 서약하기 싫었으나, 선택의 여지가 없었다. 이 점에서 조선의 유교적 실천을 정화淨化하기 위해서 이미 망해버린 명나라 조정에 대한 정신적 충성을 담은 행동과 만주족과 청나라에 대항하는 행동이 일어났다.

법률적으로는 처음부터 혼란이 있었다. 많은 법적 사례(cases)에서 선례에 입각한 법률적 관행은 변화하였지만, 법전은 과거와 똑같이 요지부동이었다. 결국 이 선례들이 새로운 유교질서가 뒤이어 도래하는 데 영향을 주었다.

종교적 측면에서 조상제의(제례)의 관행이 보편적인 것으로 되었다. 상층계급에서 시작하여 종국에는 하층계급(상민과 노비)까지 상층의 전통을 모방하고 조상제의(제례)를 행하기 시작했다.

철학적으로는 신유학(neo-Cnfusianism)의 교의가 자리를 꿰찼다. 16세기 이황과 이이의 논쟁은 조선왕조 균형의 기초가 되었다. 신유학은 이제 통치의 에토스(ethos)가 되었고 도교, 불교, 종국에는 가톨릭 등 기타의 종교들은 이단(heterodox)이 되었다. 종법의 채택은 한국 사회의 모든 면에 대해 극적인 영향을 끼쳤다.

제5장

제례음식,
그 역사성과 현재성

김미영
(한국국학진흥원 수석연구위원)

1. 제례음식의 규범형과 실재형

조상제사의 일차적인 목적은 저승에 계신 조상을 모셔 와서 정성껏 마련한 음식을 대접하는 일이다. 이때 생전의 밥상을 차리듯이 제물을 마련한다면 일상과의 차별성을 갖지 못해 의례로서의 위상을 상실해 버린다. 때문에 제사로서의 격식을 준수하기 위해 각종 예서를 참고하면서 음식을 마련하는데, 다만 예서에는 세세한 항목까지 언급되어 있지 않은 탓에 나머지 부분에 대해서는 융통성을 발휘할 수밖에 없다. 이런 이유로 지역별·가문별로 차별화된 제례음식이 등장하게 되는데, 지역과 가문에 상관없이 공통적으로 나타나는 제례음식을 보편적 제물이라 한다면, 지역별·가문별로 차이를 보이는 제례음식을 특수적 제물이라 할 수 있다.

이처럼 제례음식을 둘러싼 편차는 지역별·가문별로 대별할 수 있으나, '가가례家家禮'라고 하듯이 가정별 편차도 적지 않게 나타나는 실정이다. 그런가 하면, 지역별 편차의 대부분은 자연환경과 예학적 이념(학맥) 등에 의해 발생하는 경향이 강하다. 즉 해당 지역이 처해 있는 생태적 입지에 따라 수확되는 산물이 각각 다르기 때문에 제례음식의 편차가 생겨나고, 또 예학적 견해에 따라 해석이 달라지므로 차이를 보이는 것이다. 이에 비해 가문별·가정별 편차는 기본적으로는 지역별 특징에 기반하고 있지만, 집안을 중심으로 독자적으로 전승되어 온 방식(家統)에 의해 형성되는 측면도 적지 않다. 특히 가문 대대로 이어 온 전통에 의해 생성된 제례문화는 뚜렷한 배경이나 이론적 근거가 아니라 관습적으로 계승되는 경향이 강한 점도 주목할 만하다.

제례음식은 가가례家家禮를 초래시킨 주된 요소라고 할 수 있다. 왜냐하면 대개 한두 가지의 요소로 구성되어 있는 기타 영역에 비해 제례음식의 종류가 워낙 많기 때문이다. 그러다 보니 예서 등에 아예 명시되지 않은 것들도 상당수 있다. 따라서 제례음식은 고례古禮를 중심으로 그 역사적 유래를 고찰하는 작업이 무엇보다 중요하다. 이런 배경에서 이 글에서는 고례의 규범과 오늘날 현장에서 수행되고 있는 실제 관행과의 비교를 통해 제례음식의 현재적 특징을 이해하고자 한다.

제례음식의 현재적 양상을 살펴보기 위해서는 제례의 이념적 모델, 곧 규범형을 설정할 필요가 있다. 대체적으로 주자학이 도입된 이래 지역 및 학파 등과 상관없이 『가례』를 규범서로 삼아 왔다. 물론 『가례』의 미비점 보완이나 근원을 추구하는 과정에서 영남학파가 주로 고례에서 근원을 찾고자 했던 것에 반해 기호학파는 고례에서 근원을 찾으면서도 주자의 본의에 충실할 것을 지향했다는 차이점은 있지만,[1] 이들 학파 모두 『가례』를 행례의 기본 원칙으로 삼았다는 점에서는 동일하다. 따라서 이 글에서도 『가례』를 규범형으로 삼아 검토하고자 한다. 그 외 제례음식의 규범이 되고 있는 이론적 근거 자료를 『의례』・『예기』・『국조오례의』・도암 이재의 『사례편람』・사계 김장생의 『가례집람』・율곡 이이의 「제의초」 등을 중심으로 수집하였다. 물

---

1) 도민재, 「기호학파의 『주자가례』 수용 양상」, 『국학연구』 16(한국국학진흥원, 2010), 531~532쪽.

론 『의례』와 『예기』는 천신의례나 국가의례 등을 중심으로 기술되었기 때문에 오늘날 일반 가정의 제례문화와는 다른 성격으로 간주할 수도 있으나, 주희의 『가례』를 비롯하여 후대에 간행된 대부분의 예서들이 『의례』와 『예기』를 토대로 삼고 있으므로 고례의 근거를 밝히는 자료로 이용하기에 큰 문제가 없을 것으로 생각한다. 그 외 필요에 따라 조선시대 예학자들의 예서를 참고하였다.

2. 제례음식, 규범과 현장의 간극

조상제례의 규범서인 『가례』는 중국을 배경으로 설정된 까닭에 우리나라의 현실에 적용하기에는 문제점이 많았다. 대표적인 것으로 '진다進茶'(奉茶)의 절차를 들 수 있다. 『가례』에는 유식과 합문, 계문을 행한 후에 주인과 주부가 고위考位와 비위妣位 앞에 각각 차茶를 올리도록 명시되어 있다. 참고로 『의례』와 『예기』에는 진다의 절차가 아예 없고 차茶라는 용어도 나타나지 않는다. 도암 이재의 『사례편람』에서는 정월과 동짓달의 사당 참배를 설명하면서 "차茶는 중국에서 쓰는 것이고 우리나라 풍속에서는 쓰지 않기 때문에 차를 준비하거나 차를 따른다는 내용은 모두 삭제했다"고 밝히고 있다. 그러고는 봉다奉茶 뒤에 '대이수代以水', 곧 물로 대신한다는 설명을 덧붙이고 있다.[2] 율곡 이이

---

2)『사례편람』8,「祭」.

가 저술한 「제의초」에도 진다를 행할 때 "차 대신에 더운물(熟水)을 올린다"고 되어 있다.[3] 아울러 이이는 "『가례』를 보면 보름날에는 신주를 모시지 않고 차를 올린다고 했는데, 지금 우리나라 풍속에는 차를 올리는 예禮가 없다. 그러므로 보름날에는 신주를 모시지 않고 독匵만 열어놓고 술도 올리지 않고 오직 향만 피운다"고 언급한 바 있다.[4] 이처럼 '진다'는 원래 차를 올리는 절차이지만, 차문화가 보편적이지 않았던 우리나라로 들어오면서 물(숭늉)로 바뀐 것이다.

그런가 하면 『가례』에서 제시하고 있는 내용이 구체적이지 않다는 점도 제례의 편차를 유발하는 원인이 되고 있다. 대표적인 것이 제례음식이다. 『가례』에는 총 19종류의 제물이 제시되어 있으나, 이들 내용(재료)에 대해서는 구체적인 설명이 없다. 예를 들어 과일의 경우 『가례』의 설찬도(〈그림 1〉 참조)에는 '과果'라고 해서 6개의 과일이 그려져 있을 뿐 종류에 대해서는 언급하고 있지 않다. 나머지 제례음식도 마찬가지이다. '육肉'·'어魚'·'병餠' 등으로만 되어 있으며, 재료에 대한 상세 정보는 제시하고 있지 않다. 따라서 이런 배경에서 제례음식을 둘러싼 다양한 편차가 초래되었을 것으로 생각한다.[5]

---

3) 이이, 이민수 옮김, 『격몽요결』, 「제의초」(을유문화사, 2003), 200~201쪽.
4) 이이, 이민수 옮김, 『격몽요결』, 「제의초」(을유문화사, 2003), 200~201쪽.
5) 참고로 『의례』와 『예기』에는 쇠고기·돼지고기·양고기 등의 육류, 고사리와 미나리 등의 나물류, 대추와 밤 등의 과일류와 같이 일부 제물에 대한 정보가 나타난다. 그러나 여기서도 이들 제물의 진설방식은 구체적으로 명시되어 있지 않다.

1)『주자가례』에는 나타나지 않는 탕湯

〈그림 1〉은 『가례』에 예시되어 있는 제사상인데, 오늘날에 비해 간략하기는 하지만 탕湯을 제외한 기본적인 제물은 모두 진설되어 있다. 그런 반면, 메와 갱羹을 비롯한 총 19가지의 제물에 대한 구체적인 설명이 없는 점이 눈길을 끈다.

〈그림 2〉는 2010년 5월에 거행된 안동지역 광산김씨 계암 김령(1577~1641)의 불천위 제례 진설도이다. 〈그림 1〉의 『가례』 설찬도와 비교해 볼 때 탕湯이 추가되었다는 점 외에는 『가례』에 명시된 제물에서 크게 벗어나지 않는다. 다만 『가례』에서는 제물의 구체적인 내용을 전혀 제시하지 않음에도 불구하고 오늘날의 제사상에는 제물의 구체성이 명확히 드러나고 있다는 점이 흥미롭다. 예를 들어 과일의 경우 『가례』에는 '과果'를 6종류 진설하도록 명시되어 있지만, 〈그림 2〉에서는 '대

〈그림 1〉 『주자가례』의 설찬도

추·밤·배·감·사과' 등 구체적인 과일이 진설되어 있는 것이다.

한편 『가례』의 설찬도인 〈그림 1〉을 보면 제물을 4열로 진설하고 있다. 이에 반해 〈그림 2〉의 경우 3열에 탕湯을 진설하고 있는 까닭에 5열이 되었다. 이는 경북지역뿐만 아니라 전국적인 경향으로, 그만큼 행례 현장에서 탕은 주요 제물로 인식되고 있다. 이처럼 『가례』는 물론

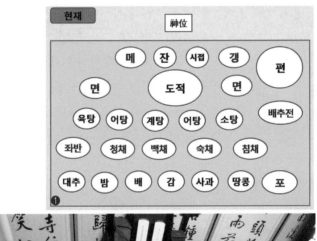

① 〈그림 2〉 오늘날의 진설도-광산김씨 계암종가, 안동
② 오늘날의 진설도-광산김씨 계암종가, 안동(〈그림 1〉과 동일 사례)

『의례』와 『예기』를 비롯하여 『사례편람』 등에는 탕이 나타나지 않는데, 이와 관련해 사계 김장생과 우암 송시열은 다음과 같이 설명하고 있다.[6]

사계 김장생 : 『가례』에 이른바 어육魚肉은 바로 어탕과 육탕이다.
우암 송시열 : 『가례』에 이른바 어육이 반드시 탕이라는 분명한
조문은 있지 아니하다. 그러나 『예기』에는 '삼헌三
獻에 데친다(爛)'는 설이 있는데, 해설하는 자는
섬란이 끓는 물(湯)에 고기를 담그는 것이라고 한
다. 그렇다면 오늘날 이른바 탕湯은 아마도 여기에
근본이 있는 것으로 생각된다. 대체로 『가례』에는
다만 어육이라고만 말했으니, 탕으로 만들거나 자
(크게 자른 고깃점)로 만들거나 모두 무방할 듯하다.

이와 더불어 성재 허전은 "「교특생」에 '삶고 익힌다' 라는 대목이
있는데, 〈疏〉에서 '섬란'을 '탕침湯沈' 이라 하였다. 탕침이란 삶는
것이니, 대개 익히되 문드러지지 않도록 하기 위함이다. 요즘 시속에
서 대갱大羹을 '밥국' 이라 하고, 화갱和羹을 '어탕·육탕' 이라 하는 것
은 필히 여기에서 비롯되었을 것이다"[7]라고 하면서, 탕은 국에서 비롯

---

6) 한국고전의례연구회, 『국역 가례증해』 6(민속원, 2011), 100~101쪽.
7) 한국고전의례연구회, 『국역 사의』 3(보고사, 2006), 403쪽.

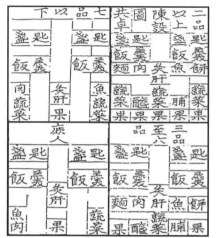

이현보의 진설도

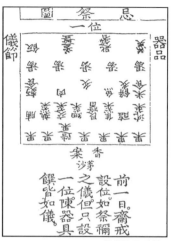

류운룡의 진설도

김성일의 진설도

된 제례음식이라는 견해를 밝히고 있다. 이처럼 당시의 예학자들조차도 탕의 실체에 대해 명확한 정보를 갖고 있지 않았던 탓에 대부분의 예서에도 탕이 명시되어 있지 않으나, 행례에서는 오히려 주된 제물로 인식되고 있는 점이 주목된다.

그런데 흥미로운 점은 비록 농암 이현보(1467~1555)의 진설도[8]에는 탕이

---

8) 이현보, 『聾巖先生文集』 4, 「雜著」, '祭禮'.

보이지 않지만, 『국조오례의』(1474)의 「속제俗祭」편과 율곡 이이의 「제
의초祭儀抄」(1577)에는 탕이 그려져 있다. 또한 , 겸암 류운룡(1539~1601)[9]
과 학봉 김성일(1538~1593)의 진설도[10]에도 탕이 있다. 따라서 이로 볼
때, 적어도 이들이 생존했던 16세기에는 탕이 제물로 사용되었을 가능
성이 엿보이는데, 『국조오례의』를 보면 탕을 진설하는 경우에는 어육
과 적炙을 차리지 않고, 반대로 탕을 올리지 않으면 어육과 적을 사용
한 진설도가 제시되어 있다.[11]

　　그러나 이것 역시 오늘날에는 적용되지 않는 내용이다. 즉, 행례
현장에서는 도적을 올리는 경우에도 육류 · 어류 · 조류로 구성된 별도
의 3적을 진설하기 때문이다. 다만 허전이 저술한 『사의士儀』에 "지금
사람들은 어육에 채소를 섞어 국을 만들고는 '어육탕魚肉湯'이라 하여
『가례』의 어육에 해당시킨다.…… 이는 분명 다른 물품이다"[12]라는 대
목이 등장하듯이, 당시에는 어육을 탕과 동일하게 인식하는 경향이 있
었던 것 같다. 아울러 주목되는 점은 제사상의 탕은 일상식의 탕과 달
리 국물이 거의 없다는 사실이다. 우리의 식문화에서는 국의 별칭을
탕이라고 하며, 또 밥과 짝을 이루지 않는 설렁탕이나 곰탕 등과 같이
단품요리를 일컬을 때도 사용한다. 이들 모두 내용물의 배합에서 건더
기보다는 국물을 중시한다는 공통점을 보이는 반면, 제사에서는 국물

　9) 류운룡, 『謙菴先生文集』 4, 「追遠雜儀」.
　10) 김성일, 『鶴峯集』 7, 「雜著」, '奉先諸規'.
　11) 『국조오례의서례』 1, 「吉禮」.
　12) 한국고전의례연구회, 『국역 사의』 3(보고사, 2006), 403쪽.

탕-풍양조씨 검간종가, 상주

을 제거하고 건더기만을 담은 것을 탕이라고 한다. 그런 다음 음복을
할 때는 국물이 포함된 이른바 탕국을 차리는 것이다. 따라서 이것 역
시 『가례』의 어육 제물과의 관련성이 엿보이는 대목이라 할 수 있다.

　참고로 안동지역 불천위 제사의 경우 우모린羽毛鱗의 원칙에 입각
하여 닭을 이용한 계탕鷄湯(혹은 鳳湯)·쇠고기로 만든 육탕·각종 생선
과 해물이 들어간 어탕을 올리고, 경우에 따라 두부로 만든 소탕蔬湯을
차리기도 한다. 또한 단탕單湯을 따른다면 육탕과 어탕을 한 그릇에 담
고 3탕이라면 계탕·육탕·어탕을 진설하며, 5탕의 경우에는 계탕·
육탕·어탕·조개탕(蛤子湯)·소탕을 차린다. 탕은 도적에 사용되는 꼬
치(산적)를 장만할 때 생기는 자투리를 이용하여 만들기 때문에 도적의

구성물에 따라 탕에 들어가는 재료가 결정되는데, 이때 여러 종류의 생선과 해물로 만드는 어탕과 조개탕이 가장 큰 영향을 받는다.

2) 편적片炙과 도적, 어느 것이 규범적 제물인가

『가례』의 진설도인 〈그림 1〉을 보면 '적炙'이라는 제물이 있다. 적炙은 '굽는다' 라는 뜻으로 풀이되지만, 실제로는 생육生肉도 포함된다. 『의례』와『예기』를 보면 날고기의 성腥과 구운 고기를 뜻하는 번燔과 적炙이 각각 나타나는데, 번과 적의 차이에 대해서는 명확하지 않다. 『가례』에 따르면 3명의 헌관이 술을 드릴 때마다 각각의 적을 올리는 절차를 진적進炙이라고 하며, 이들 제물을 3적 혹은 편적片炙이라고 한다. 『의례』·『예기』·『가례』·『사례편람』에 따르면 초헌에서는 간肝, 아헌과 종헌에서는 구운 고기(『의례』에서는 燔肉, 『가례』에서는 炙肉, 『사례편람』에서는 肉炙)를 올린다고 되어 있는데,[13] 이른바 안주의 역할을 담당하는 셈이다. 이에 대해 사계 김장생 역시 "「사혼례士婚禮」에 찬贊이 간肝을 가지고 따른다고 하였고, 그 주註에 '술을 마실 때에는 안주를 갖추어 편안하게 함이 마땅하다' 고 하였다"[14]면서, 진적의 중요성을 강조하고 있다. 오늘날에는 초헌이 육적肉炙, 아헌은 계적鷄炙, 종헌은 어적魚炙을 올리는 것이 보편적 경향인데, 가문에 따라서는 아헌이 어적

---

13) 『의례』, 「特牲饋食禮」; 『가례』, 「祭禮」; 『사례편람』, 「祭禮」.
14) 한국고전의례연구회, 『국역 가례증해』 6(민속원, 2011), 141쪽.

① 편적(육적, 계적, 어적) – 선산김씨 구암종가, 구미　　　② 편적(명태전) – 의성김씨 학봉종가, 안동

을, 종헌이 계적을 진설하는 경우도 있다.

　　적을 올리는 진적의 형태는 크게 2가지로 분류된다. 육적·계적·어적 곧 3적을 올리는 방식(위의 사진 ① 참조)과 적 대신에 전煎을 드리는 방식(위의 사진 ② 참조)이다. 그런데 경북지역에서는 3적은 미리 진설해 두고 진적에는 사용하지 않는 경향이 강하다. 그 대신 헌작을 한 후 3전煎을 각각 올리는데, 이것마저 생략하는 경우가 대부분이다. 전煎에는 육전(쇠고기, 간)·어전(명태)·소전(두부, 배추)이 있으며, 이를 헌적獻炙(혹은 酒炙, 味數)이라고 한다. 한편 계적은 원래는 치적雉炙을 일컬었으나 후대에 이르러 닭으로 바뀌었으며, "꿩 대신 닭"이라는 말은 이런 배경에서 생겨났다. 또한 예전에는 꿩 대신 기러기(鴈炙)를 사용하기도 했다.[15]

　　3적과 함께 주목되는 제물은 '도적'이다. 도적이란 계적·육적·

어적을 하나의 적틀(炙臺)에 담는 것을 일컫는데, 경북지역에서 주로 나타나는 제물이다. 도적의 어원에 대해서는 의견이 분분하다. 적을 모아 둔다는 의미에서 도적都炙 · 도적都積 · 합적合炙이라고도 하며,[16] 표준가정의례서 등에는 동물을 도살한다는 뜻에서 도적屠炙으로도 되어 있다. 그런데 『가례』 등을 보면 '도적' 이라는 명칭은 나타나지 않고 가장 근접한 용어로 '적육炙肉' 이 있다. 따라서 이로 볼 때 '도적' 은 후대에 생겨난 제물일 가능성이 높다.

도적은 생육生肉의 사용을 원칙으로 삼는다. 『의례』에서는 생육 곧 희생이 주된 제물로 등장하며, "교郊에서는 희생犧牲의 피를 올리고, 대향大饗에서는 날고기(腥)를 올리고, 3헌獻의 제사에는 데친 고기(爓)를 올리고, 1헌獻의 제사에서는 익힌 고기(熟)를 올리는데, 이것은 지극히 공경하는 제사에는 맛으로 제사 지내는 것이 아니고 기氣와 냄새를 귀하게 여기는 뜻이 들어 있는 것이다"[17]라고 설명하고 있다. 교郊는 천신에 대한 제사, 대향은 종묘대제 · 사직대제 · 향교 · 서원의 향사 등을 일컫고, 3헌이란 초헌 · 아헌 · 종헌의 순서로 3차례에 걸쳐 술을 올리는 제사, 1헌은 단헌單獻으로 행하는 제사를 뜻한다.

그런데 주목되는 점은 불천위 제사를 제외한 일반 기제사 등에서

---

15) 『유림백과대전』(명심출판사, 1998), 149쪽.

16) 윤숙경, 「안동지역의 제례에 따른 음식문화(1)」, 『한국식생활문화학회지』 11-4(한국식생활문화학회, 1996), 451쪽.

17) 『예기』, 「禮器」 · 「郊特牲」.

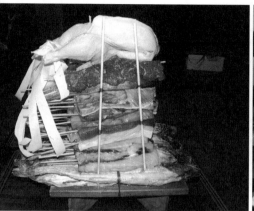

도적(생육)-의성김씨 청계종가, 안동　　　　　　　도적(숙육)-광산김씨 유일재종가, 안동

는 날고기 제물을 사용하지 않는다는 사실이다. 즉, 서민층이든 사대
부층이든 일반 기제사의 경우에는 숙육을 차리고, 불천위 제사와 같이
큰제사(大饗)로 여기는 경우에만 생육을 올리는 것이다. 이로 볼 때 생
육과 숙육은 신분과 상관없이 제사의 격格에 의해 결정된다고 볼 수 있
다. 이는 앞서 언급했듯이 제사의 격(규모)에 따라 희생의 피·생육·
데친 고기·익힌 고기 등을 제물로 각각 올린다는 『예기』의 대목을 통
해서도 방증된다. 이에 대해 송시열 역시 "상경上敬은 혈血이요, 다음
은 날것이요, 그다음은 삶은 것이다"라고 지적했는데, 이는 체體가 없
는 음귀는 기氣를 맡기 때문에 혈血·성腥·섬爓·숙熟의 순서를 취한
다는 것을 뜻한다.[18]

　　도적의 생육과 관련해 '혈식군자血食君子'라는 말이 있다. '혈식

을 받을 만큼 훌륭한 인물'로 풀이되는데 정확한 의미는 '혈식을 올리는 서원이나 향교에 배향되거나 불천위로 추대될 정도로 뛰어난 인물'이다. 『예기』의 "순舜임금의 제사에서는 생기生氣가 있는 것을 숭상했는데 희생犧牲의 피·날고기·데친 고기 등이다"라는 내용처럼, 고례에서는 익히지 않고 생生으로 사용하는 것을 최고의 품격으로 여겼다. 이런 까닭에 유학자들에게 있어 날고기를 의미하는 '혈식'을 대접받는다는 것은 격格이 높은 제사를 받을 수 있는 인물, 곧 불천위나 서원과 향교의 배향인물이 되었음을 뜻했던 까닭에 '혈식군자'야말로 군자로서 성취할 수 있는 최고의 지위였던 것이다.

아무튼 제사상에는 육적·어적·계적 곧 편적片炙을 이미 진설하기 때문에, 사실 도적은 중복되는 제물인 셈이다. 다만 낱개로 차려지는 편적과 달리 도적은 하나의 제기에 고임 형태로 쌓는다는 점이 다르다. 적틀(炙臺)에 도적을 쌓을 때는 '우모린羽毛鱗'이라고 해서 하단을 기점으로 어류·육류·조류의 순서로 차리는데, 이는 바다·육지·하늘로 구성된 우주의 질서를 상징한다. 그런데 앞서 언급했듯이 『가례』를 비롯해 고례 등에는 도적에 관한 내용이 나타나지 않는다는 점이 주목된다. 이로써 추측할 때 도적은 제물 이상의 또 다른 목적을 지녔을 가능성이 높다. 도적의 주된 기능은 고임 높이의 과시이다. 사실 조선시대 중앙 정치권력으로부터 소외되었던 영남지역의 재지사족

---

18) 배상현, 『조선조 기호학파의 예학사상에 관한 연구』(고려대 민족문화연구소, 1996), 359쪽.

들은 최소한의 양반신분을 유지하기 위해 충·효·열에 입각한 유교 덕목을 강조하는가 하면, 가문과 조상의 유업 등을 칭송·과시하면서 가문창달을 위해 다방면으로 노력을 기울여 왔다. 즉, 당시에는 고관高官이나 석유碩儒를 얼마나 많이 배출했으며, 또 유교적 가르침을 얼마나 충실히 실천하고 있는가에 따라 명문가로 평가되었다. 그 중에서도 현조顯祖를 위한 불천위 제례는 그 자체만으로도 가문의 큰 영광이었는데, 이런 과정에서 제사를 통해 가문을 과시하고자 도적을 최대한 활용했을 것으로 추측한다. 실제 안동지역 불천위 제사에서도 해당 조상 및 가문의 인지도, 문중의 경제적·사회적 규모 등에 따라 고임의 높이가 달라지고, 고위에 비해 비위 제사의 도적 높이도 상대적으로 낮다. 이처럼 도적의 높이는 제사 규모를 드러내는 주요 수단이 되고 있음을 알 수 있는데, 이로 볼 때 도적은 조상제사를 가문의 위세 과시로 여긴 후대의 산물로 추측된다.

3) 떡, 높이를 둘러싼 논란

떡 역시 고임 형태로 차려지기 때문에 도적과 함께 웅장함을 과시하는 그야말로 제사상의 양대 산맥을 이룬다. 도적에서 고임을 잘 유지하기 위해 가장 하단에 포脯를 놓듯이 떡에서도 버팀목 구실을 하는 것이 있는데, 본편으로 불리는 시루떡이다. 편틀(編臺)의 가장 하단에 시루떡을 깔고 그 위로 각양각색의 웃기떡(雜編)을 얹으며 웅장한 규모를 자랑하기 위해 시루떡을 높이 쌓기도 한다.

떡-풍산류씨 양진당종가, 안동   떡-동래정씨 행정종가, 칠곡

　『가례증해』에 떡과 관련된 내용으로 "운회韻會에 이르기를, 고餻
(경단의 일종)는 고糕(가루떡)로 되어 있는데 모두 이餌다. 이餌는 쌀가루
(粉稻米)와 기장쌀(黍米)로 만든 것인데 이것을 합쳐서 찐 것을 이餌라 하
고, 메로 친 것을 자餈라고 한다. 후糇는 가루를 찧어 콩을 볶아서 이것
을 묻힌 것이다"라는 내용이 실려 있다.[19] 한편 『의례』에는 희饎, 『가
례』와 『사례편람』에는 미식米食 등이 나타나는데, 이들 모두 떡을 의미
한다. 또한 『주례』에 '구이분자糗餌粉餈'라는 용어가 등장하기도 한
다.[20] 이에 대해 『성호사설』에서는 "주례周禮에 구이분자라 했는데, 그

19) 한국고전의례연구회, 『국역 가례증해』 6(민속원, 2011).
20) 『주례』, 「天官冢宰」 下.

주註를 보면 '합쳐 찌는 것이 이餌고 떡을 만드는 것이 자餈이다. 구糗란 볶은 콩이고 분粉이란 콩가루이므로 이餌에 구糗를 붙여 구이糗餌라 하고, 자餈에 분粉을 붙여 분자粉餈라고 한 것은 서로 관련성이 있기 때문이다' 라고 하였으니, 대개 이餌는 쌀을 찧어 가루로 만든 후에 반죽을 하므로 '합쳐서 찐다' 고 했으며, 자餈는 쌀을 쪄서 메로 치는 까닭에 '떡으로 만든다' 고 한 것이다"[21]라고 설명한다. 또 "찹쌀과 기장쌀로 가루를 만들어 떡을 만들기도 하고 혹은 쌀을 찐 후 매로 쳐서 만들기도 하는데, 콩을 볶아 가루를 만들어 떡에 묻히니, 세속에서 이르는 인절미(印切餅)라는 것이다" 라고 덧붙이고 있다.

이처럼 당시의 떡은 조리법에 따라 이餌와 자餈로 각각 표기되어 있으며 이餌는 곡물을 가루로 만들어 시루에 찌는 시루떡, 자餈는 시루에 찐 떡을 다시 쳐서 빚어내는 인절미 형태의 떡이었을 가능성이 높다. 그런데 오늘날과 같이 편틀에 시루떡을 깔고 떡을 높이 괴는 습속은 없었던 것 같다. 이와 관련해 다산 정약용 역시 "오늘날 제례 때 완조梡俎 위에다 떡을 4, 5척이나 높이 쌓는 것은 괴이하기 짝이 없다. 내 생각으로 떡그릇(餅器)과 밥그릇(飯器)은 같은 크기로 만든 후 내용물이 그릇 위로 2촌寸 정도 올라오도록 담는 것이 좋을 듯하다"[22]라고 하면서 떡을 높이 쌓아 올리는 당시의 습속을 비난하고 있다. 허전 역시

---

21) 이익, 『성호사설』 4, 「萬物門」.
22) 정약용, 『여유당전서』 22, 「祭禮考定」, '祭饌考', "今俗餅餌餈糕載之梡俎之上高至四五尺磊魂可怪. 大非禮也. 今擬餅器與飯器同制其實之高出敖口二寸."

"송이암宋頤庵 집안의 법식에는 떡은 모두 한 접시에 담되, 기제忌祭에는 높이 2치(약 6cm), 묘제에도 1치를 넘지 않게 했으며······ "[23]라고 언급한 바 있다. 따라서 오늘날과 같이 편틀 위에 떡을 높이 괴는 관행은 유교이념에 바탕 한 가문의식이 형성됨에 따라 조상제사를 통해 가문의 위세를 드러내고자 하는 목적에서 생겨난 것으로 볼 수 있다.

3. 제례음식, 생태환경에 따른 지역적 특징

제례음식은 제례절차에 비해 다양성이 두드러지는 경향이 강하다. 제례절차는 『가례』를 비롯한 예서에 비교적 명확하게 제시되어 있는 반면, 제물은 극히 간략하게 묘사되어 있기 때문이다. 따라서 기본적으로는 예서에 근거하여 마련하지만 해당 지역의 생태적 환경과 예학적 성향 등에 따라 편차를 보이는 편이다.

생태적 환경에 의해 제물이 달라지는 대표적 사례로는, 고래 서식지인 동해안 일대에서는 고래 고기를 사용하고, 조기 서식지로 유명한 서해안에서는 조기를 주요 제물로 차리는 경우 등이 있다. 또 인삼이 대량 생산되는 충청도 금산지역에서는 인삼튀김이나 인삼정과를 올리고, 호남지역에서는 홍어를 반드시 진설한다. 한편 내륙에 위치한 관계로 생선이 귀했던 안동지역에서는 삭히거나(발효) 소금에 푹 절여도

---

23) 한국고전의례연구회, 『국역 사의』 3(보고사, 2006), 420쪽.

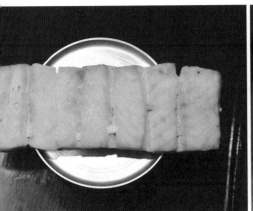

상어돔배기-한산이씨 대산종가, 안동   배추전-광산김씨 계암종가, 안동

크게 지장이 없는 생선을 즐겨 먹었는데, 대표적인 것이 돔배기이다. 상어를 토막 낸다고 해서 '돔배기'라고 한다. 이와 더불어 안동 일대에서 나타나는 '콩나물+무'를 넣은 갱羹과 배추전 등은 잡곡재배문화가 발달된 경북지역의 특징적 제물이다. 아울러 안동에서는 여타 지역에서 보편적으로 이용되는 산적이나 누름적[24] 등은 올리지 않고 배추전을 주로 사용하는데, 이것 역시 주목되는 부분이다.

---

24) 넓적한 쇠고기를 익힌 후 그 위에 걸쭉한 '누름汁'을 끼얹은 음식을 '누르미'라고 했는데, 이것이 변형되어 미리 양념한 쇠고기와 각종 야채를 꼬치에 꿰는 '누름적'이 되었다.

1) 쇠고기갱과 콩나물갱

앞서 언급했듯이 『가례』의 설찬도인 〈그림 1〉을 보면 내용물(재료)에 대한 정보는 전혀 나타나지 않는다. 이런 이유로 제물을 둘러싼 편차가 발생하게 되는데, 그 가운데 주목되는 것은 안동을 중심으로 경북 북부지역에서 나타나고 있는 '콩나물갱'이다. 이것은 쇠고기를 이용한 탕국을 갱으로 차리는 관행은 전국의 보편적 현상이며, 오늘날 발간되고 있는 표준가정의례 등에도 쇠고기갱을 제시해 두고 있는 것과 구별된다.

이와 관련해 국립문화재연구소에서 간행한 조상제례 보고서인 『종가의 제례와 음식』(1~13)에 실린 전국 21종가의 갱을 정리하면【표 1】과 같다.[25] 영남학파와 기호학파가 고루 분포하고 있는 21사례의 경향을 살펴볼 때 학파별 특징은 나타나지 않고, 다만 콩나물갱을 차리고 있는 4사례의 경우 의성김씨 학봉종가·풍산류씨 서애종가·안동김씨 보백당종가와 같이 안동지역에 밀집해 있는 경향을 보이고 있으며, 재령이씨 갈암종가만이 경북 영덕군에 위치하고 있다.[26] 참고로 경

---

25) 국립문화재연구소, 『종가의 제례와 음식 』 1~13(국립문화재연구소, 2003~2007).
　초려 이유태의 경우에는 설 차례 및 동지 차례인 까닭에 羹이 생략되어 있었다.
26) 갈암 이현일은 원래 영덕군 창수면 인량리에서 출생했으나, 40세 되던 1667년에
　영양군 석보면 주남으로 옮겨 왔으며 그의 9대손에 이르러서는 영양군 입암면 병
　옥리로 이거하였다. 이후 10대손이 청송군 진보면 광덕리로 옮기면서 1910년 종택
　을 건립했으나 임하댐 건설로 인해 1992년 지금의 창수면 인량리로 이건하였다.

북 성주군에 위치한 청주정씨 한강종가에서는 쇠고기갱을 진설하고 있으며, 경주 양동의 여주이씨 회재종가에서는 냉수에 간장과 김을 넣은 갱을 차린다. 아무튼 【표 1】을 살펴볼 때 콩나물갱은 영남학파의 예법이라고 하기보다는 안동을 중심으로 한 경북 북부지역에서 보편적으로 나타나는 지역적 특징이라 할 수 있다.

【표 1】『종가의 제례와 음식』에 나타난 갱羹의 형태(총 21사례)

내용물	종가
콩나물+무 (4사례)	서애종가(류성룡) / 학봉종가(김성일) / 보백당종가(김계행) / 갈암종가(이현일)
쇠고기+무 (17사례)	한훤당종가(김굉필) / 서계종가(박세당) / 양민공종가(손소) / 서평부원군종가(한준겸) / 점필재종가(김종직) / 고산종가(윤선도) / 사계종가(김장생) / 퇴계종가(이황) / 충재종가(권벌) / 일두종가(정여창) / 탄옹종가(권시) / 죽천종가(박광전) / 응와종가(이원조) / 청성백종가(심덕부) / 안효공종가(심온) / 충장공종가(남이흥) / 명재종가(윤증)

그렇다면 여타 지역에 비해 독특함을 드러내고 있는 안동지역 갱의 이론적 근거를 고례를 통해 살펴보기로 하자.『의례』에는 쇠고기·양고기·돼지고기를 갱의 주된 재료로 이용하고 있으며, 국과 관련된 용어로 갱羹·읍湆·정鼎·형鉶이 나타난다. 갱과 읍은 국을 일컫고, 정과 형은 국을 담는 그릇을 뜻한다. 정에는 향膷(쇠고깃국)·훈臐(양고깃국)·효臕(돼지고깃국) 등과 같이 육류만을 넣어 끓인 국을 담는데, 오늘

콩나물갱 – 의성김씨 학봉종가, 안동　　　　쇠고기갱 – 성산이씨 응와종가, 성주

날의 곰국과 같은 진 고깃국이다.[27] 반면 형으로 불리는 제기에는 육류
와 나물을 섞어 끓인 국을 담으며, 쇠고기에는 콩잎을 넣고(牛藿) 양고
기에는 씀바귀(羊苦), 돼지고기에는 고비(豕薇)를 넣는다고 설명되어 있
다.[28] 아울러 『가례』를 보면 일반 제사에는 갱만을 올리고 시조의 제사
에서는 대갱大羹과 형갱鉶羹을 각각 진설하도록 예시되어 있는데,[29] 대
갱은 고깃국을 일컫고 형갱은 고기와 나물을 함께 넣은 국을 뜻한다.

　　이처럼 『의례』와 『예기』에 나타나는 갱에는 대부분 육류가 들어

27) 김상보, 『음양오행사상으로 본 조선왕조의 제사음식문화』(수학사, 1996), 41~42쪽.
28) 『의례』, 「公食大夫禮」.
29) 『가례』, 「祭禮」.

가기 때문에 쇠고기와 무를 넣은 갱이 보다 타당하다는 견해도 있다. 앞서 살펴봤듯이 사실 고례에 등장하는 갱은 육류만을 넣어 끓인 고깃국(肉汁) 및 고기와 나물을 넣은 국이 주를 이루고 있으며, 콩나물+무 등과 같이 채소로만 끓인 나물국은 나타나지 않는다. 이로 볼 때 육류가 들어간 탕국을 갱으로 이용하는 관행이 보다 고례에 근접해 있다고 볼 수 있다. 일설에는 탕湯에 어육을 사용하면 갱에는 나물만을 넣고 탕에 어육이 들어가지 않으면 고기를 함께 넣는다고 하는데,[30] 앞서 예로든 쇠고기갱을 사용하는 지역에서도 탕에 어육을 넣기 때문에 그리 설득력 있는 주장은 아닌 듯하다.

이처럼 고례에 나타난 갱에 관한 내용을 살펴보더라도 안동을 중심으로 나타나는 콩나물갱을 둘러싼 의문은 쉽게 풀리지 않는다. 다만 한 가지 추측 가능한 것은 안동지역의 경제적·생태적 환경과의 관련성이다. 예로부터 안동은 여타 지역과 달리 백 석이 넘으면 부자로 불릴 정도로 빈한한 지역이었다. 이런 상황에서 4대봉사를 비롯하여 1년에 십여 차례에 이르는 조상제례에서 쇠고기 제물의 장만은 적지 않은 부담이 되었을 터인데, 실제로 예전에는 불천위 제례와 같은 큰제사를 제외하고는 쇠고기 제물을 사용하지 않고 돼지고기만을 올린 경우도 흔했다고 한다. 이런 이유로 쇠고기갱 대신에 콩나물갱이 일반 가정의 기제사에서 자리 잡았으며, 이후 쇠고기 제물을 진설하고 있던 불천위

---

30) 윤덕인, 「제사음식과 상차림에 관한 연구」, 『關大論文集』 22-2(관동대학교, 1994), 300쪽.

무를 제물로 진설함－풍산류씨 귀촌종가, 안동

제례에까지 확대되었을 가능성이 인정된다.

아울러 경북 북부지역에는 콩ㆍ무ㆍ배추를 이용한 음식이 발달해 있는데, 이는 밭을 중심으로 한 잡곡재배문화가 주류를 이루어 왔기 때문이다. 이런 배경에서 쇠고기갱 대신 나물국을 차릴 때 주된 생산물인 콩나물과 무를 넣었을 것으로 생각된다.[31] 그런가 하면 '콩나물갱'은 안동을 비롯해 영주ㆍ문경ㆍ의성ㆍ청송ㆍ영양ㆍ청도ㆍ예천ㆍ봉화 등에서 집중적으로 나타나며, 그 외 일부 지역에서도 적지 않게 나타나고 있다.[32] 이로 볼 때 콩나물갱은 산간 내륙에 위치한 경북 북부 지역의 음식문화와 밀접한 관련성이 있다고 생각한다. 나아가 경북 북

---

31) 김미영, 「안동의 유교전통을 상징하는 제례문화」, 『안동문화 바로알기』(한국국학진흥원, 2006a), 289~292쪽.

32) 김미영, 「조상제사를 둘러싼 이론과 실제」, 『지방사와 지방문화』(역사문화학회, 2006b), 325~329쪽.

부지역에서 비롯된 콩나물갱이 학파성(퇴계학파)을 지니게 되면서 환경적 요인과 상관없이 경북 전역으로 확산되었을 것으로 추측한다.

2) 적炙과 전煎

앞서 언급했듯이 도적은 경북지역 일대에서 나타나는 특수 제물이다. 〈그림 3〉은 진성이씨 퇴계 이황의 불천위 제례에 진설된 도적의 구성물이고, 〈그림 4〉는 의성김씨 학봉 김성일의 불천위 제례에 차려진 도적이다. 상단을 중심으로 '우모린羽毛鱗'의 순서를 취하는 방식은 동일하지만, 어류의 품목과 개수에서는 차이를 보이고 있다. 하지만 수량과 상관없이 양쪽 모두 약 35cm 정도의 높이에 이르고 있는데, 이는 동일 품목을 여러 겹 쌓음으로써 일정 높이를 유지하기 때문이다. 아울러 학봉종가에서는 가장 하단에 북어를 배치했음에 반해 퇴계종

닭	羽
쇠고기	毛
문어	鱗
방어	
상어	
가오리	

〈그림 3〉 퇴계종가의 도적

닭	羽
쇠고기	毛
조기	鱗
상어	
방어	
고등어	
북어	

〈그림 4〉 학봉종가의 도적

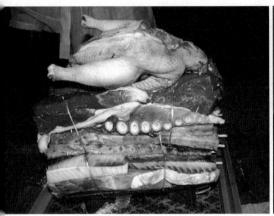
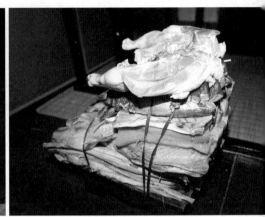

퇴계 불천위 제사의 도적, 안동   학봉 불천위 제사의 도적, 안동

가에서는 곧바로 생선을 두었다는 점이 주목된다.

　도적의 하단에 북어를 두는 것은 안동지역에서 나타나는 보편적 방식으로, 고임의 형태를 유지하는 일종의 지지대 역할을 한다. 이와 마찬가지로 높이 쌓아 올린 제물을 지탱하는 것으로 '꼬치'(串)를 들 수 있다. 꼬치는 사리나뭇가지에 육류나 생선을 도막 내어 꿰는 음식으로 나뭇가지가 버팀목 기능을 한다. 꼬치의 형태에는 여러 종류가 있다. 여타 지역의 경우 쇠고기는 기다랗게 잘라서 꿰고 생선은 온마리를 '설아적' 형태로 꿰는 것이 보편적이지만, 안동의 대부분 종가에서는 쇠고기와 생선을 직사각형으로 도막 낸다는 점이 독특하다.[33] 다

---

33) 김미영, 「안동의 유교전통을 상징하는 제례문화」, 『안동문화 바로알기』(한국국학진흥원, 2006a), 298~299쪽.

전고임-해평길씨 야은종가, 구미   전煎과 도적을 함께 쌓은 경우
                                                        -김해김씨 탁영종가, 청도

만 방어나 상어와 달리 조기와 청어는 온마리로 꿰는 경우도 있는데,
이들 생선의 크기가 작은 탓도 있겠으나 속살이 단단하지 않아 꼬치로
사용하기에 적절하지 않기 때문으로 생각된다.

　　그런가 하면 경북 이외의 여타 지역에서는 쇠고기(肉煎)·생선(魚
煎)·두부(蔬煎) 등에 밀가루를 묻혀 기름에 지지는 전煎을 고임 제물로
차린다는 점이 눈길을 끈다. 【표 2】는 국립문화재연구소에서 발간한
『종가의 제례와 음식』(1~13)에 실린 전국 22종가의 제사상에 차려진 적
炙과 전煎의 진설 양상을 정리한 것이다. 주목되는 점은 도적을 진설하
고 있는 사례 모두 영남학파에 집중되어 있다는 사실이다. 다만 3적의
사례 중에서도 영남학파가 일부 포함되어 있지만, 기호학파 가운데 도
적을 차리는 경우가 전혀 없다는 점과 대조해 볼 때 매우 흥미로운 결

【표 2】『종가의 제례와 음식』에 나타난 적炙 및 전煎의 형태(총 22사례)

형태	종가
편적[34] (15사례)	한훤당종가(김굉필) / 서계종가(박세당) / 서평부원군종가(한준겸) / 점필재종가(김종직) / 고산종가(윤선도) / 사계종가(김장생) / 초려종가(이유태) / 일두종가(정여창) / 탄옹종가(권시) / 죽천종가(박광전) / 응와종가(이원조) / 청성백종가(심덕부) / 안효공종가(심온) / 충장공종가(남이홍) / 명재종가(윤증)
도적 (7사례)	퇴계종가(이황) / 서애종가(류성룡) / 학봉종가(김성일) / 보백당종가(김계행) / 충재종가(권벌) / 갈암종가(이현일) / 양민공종가(손소)
전煎고임 (14사례)	서계종가(박세당) / 서평부원군종가(한준겸) / 점필재종가(김종직) / 고산종가(윤선도) / 사계종가(김장생) / 초려종가(이유태) / 일두종가(정여창) / 탄옹종가(권시) / 죽천종가(박광전) / 응와종가(이원조) / 청성백종가(심덕부) / 안효공종가(심온) / 충장공종가(남이홍) / 명재종가(윤증)

과라고 할 수 있다. 참고로 【표 2】의 도적을 진설하지 않는 15사례 가운데 한훤당종가를 제외한 나머지 14종가에서는 쇠고기(肉煎)·생선(魚煎)·두부(蔬煎) 등에 밀가루를 묻혀 기름에 지지는 전煎을 차리고 있다. 아울러 이들 역시 도적의 높이만큼은 아니지만 고임 방식으로 쌓아 올린다.

특히 흥미로운 점은 도적을 진설하는 경북지역에서는 전고임 제

---

34) 편적이란 肉炙·魚炙·鷄炙을 별도의 제기에 담아서 각각 진설하는 경우를 말한다.

생마-의성김씨 학봉종가, 안동   중박계-풍산류씨 서애종가, 안동

물이 거의 나타나지 않는다는 사실이다. 따라서 이로 볼 때 도적과 전
고임은 제사상에서 유사한 기능을 수행하는 상호 대립적 제물이라고
할 수 있다. 참고로 경북 성주군에 자리한 청주정씨 한강종가에서는
도적 대신 3적을 차리는가 하면 전煎고임 제물을 마련하는 점이 주목
된다. 또한 경주 양동의 여주이씨 회재종가에서는 간肝을 비롯한 부위
별 쇠고기와 닭을 함께 얹은 적과 어물을 올려 쌓은 적을 각각 진설하
는데, 높이가 무려 60~70㎝가 된다.[35]

　　생전에 조상이 즐겨 드시던 음식을 마련하는 경우도 적지 않다.
의성김씨 학봉종가에서는 그의 불천위 제사에 반드시 생마(生薯)를 올

---

35) 이지락(회재 종손) 경주 양동 거주.

린다. 임진왜란 때 학봉 김성일이 초유사의 신분으로 진주성에 부임되었을 당시 심한 배앓이를 했는데 생마를 복용하고 나서 병을 다스렸다는 이야기가 전한다. 또 풍산류씨 서애종가에서는 '중박계'[36]라는 음식을 올리는데, 밀가루를 반죽해 발효시켜 튀겨 낸 과자이다. 서애 류성룡이 생전에 즐겨 드시던 음식이라는 이야기가 전한다.

강정일당은 기록과 구전에 바탕 하여 시댁의 조상들이 생전에 즐기던 음식을 별도로 정리해 두었다.[37]

> 시고조부님은 소나무를 좋아하셔서 지팡이, 그릇 등을 모두 소나무로 만드셨다. 송순주松筍酒를 드시고 솔잎가루 옷을 입으셨는데, 소나무의 자태나 향기, 절조節操 등을 좋아하셨다. 그래서 사람들이 '송옹松翁' 이라고 부르기도 했다. 제삿날은 겨울철이지만 시증조부님께서는 반드시 송편과 송주松酒를 소나무 잔과 쟁반에 담아 올렸는데, 시조부님 만년까지 계속되었다.(집안에서 전해오는 이야기이다.)
>
> 시조부님께서 여행을 하시던 중에 추석을 쇠게 되었는데 시아버지께서 드시고 싶은 음식을 여쭈어 보았다. 그러자 "별로 먹고 싶은 것은 없으나, 다만 이 계절에는 햅쌀로 술을 빚고 밥을 해서 살

---

36) '朴桂' 와 유사한 유밀과의 일종.
37) 강정일당, 이영춘 옮김, 『靜一堂遺稿』, 「雜著」, '思嗜錄' (가람기획, 2002), 127~130쪽.

'시조율이'의 순서로 차려진 갈암 불천위 제사
－재령이씨 갈암종가, 영덕

집장－성산이씨 응와종가, 성주

찐 쇠고기 회와 적炙을 먹으면 좋다"라고 하셨다. 시아버지께서
항상 말씀하시기를 "자손이 비록 가난하더라도 이 네 가지를 준
비하는 것은 그리 어렵지 않다. 진실로 성의가 있으면 힘을 다해
마련하는 것이 좋다"고 하셨다.(남편에게서 들은 말이다.)
시조모님 이씨께서는 육회를 좋아하셨기 때문에 돌아가신 시어
머니께서는 시조모님 제사 때가 되면 반드시 준비하셨다.

그러고는 "옛사람들은 돌아가신 분 섬기기를 산 사람과 똑같이
했기 때문에 제사를 맞이하여 재계함에 있어 그분의 거처와 말과 웃
음, 뜻, 즐기시던 것과 좋아하시던 것들을 생각하며 명상에 잠긴다. 가
난한 집에서는 제수를 미리미리 준비해 놓아야 한다. 재계를 하는 당
일에 생각하게 되면 매번 구하지 못할 염려가 있다. 평소 조상들이 좋

아하시는 것을 보게 되면 성심껏 비축해 두었다가 때맞추어 사용하는 것이 좋다. 그래서 내가 이를 기록하여 잊어버리지 않도록 한다"고 덧붙이고 있다.

재령이씨 갈암종가에서는 고인이 생전에 감을 즐겨 드셨다는 이유로 '조율이시棗栗梨柿'의 일반적인 규범을 따르지 않고, 감을 가장 먼저 차리는 '시조율이'의 방식으로 진설한다. 성산이씨 응와종가에서는 고인이 평소 즐겼다던 '집장'[38]을 반드시 올린다. 또 퇴계종가에서는 검약을 강조한 선생의 뜻을 기려 과일을 괴지 않고 삼색나물도 한 그릇에 담아 차린다. 그리고 기름에 튀기는 유밀과油密果는 사치스럽기 때문에 제사상에 올리지 말라는 퇴계 이황의 유계遺戒를 받들어 현재 퇴계종가에서는 유밀과를 사용하지 않는다. 살아 있는 사람들의 식성이 저마다 다르듯이 돌아가신 조상들도 생전에 나름의 식습관을 갖고 있다. 그리하여 이러한 조상들의 식성에 맞추다 보니 자연히 제물들이 약간씩 달라지고, 이를 통해 가문의 정체성을 확인하기도 한다.

---

38) 집장이라는 것은 醬의 일종인데, 메주를 빻아서 고운 고춧가루와 함께 찰밥에 버무려 항아리에 담고 간장을 조금 넣은 뒤에 뚜껑을 막은 다음 두엄 속에서 8~9일 묻었다가 꺼내 먹는다.

4. 제례음식의 사회문화적 의미

오늘날 조상제사의 제물은 고례古禮에 비해 대체로 풍성하고 다양한 편이다. 삶의 질적 향상에 따라 음식재료와 조리방법이 크게 발달한 까닭이라고 할 수 있겠으나, 오늘날에도 여전히 중시되고 있는 가문의식으로 인해 조상제사를 통해 위세를 과시하려는 목적이 가장 큰 요인이라 할 수 있다.

다양화된 제물의 대표적 예로 탕湯과 과일을 들 수 있다. 앞서 살펴봤듯이 탕은 고례에는 나타나지 않는 제물로, 정확한 유래는 알 수 없으나 오늘날의 조상제사에서는 주요한 위치를 차지하고 있다. 실제로 제례 현장에서는 '대과급제 5탕, 양반 3탕, 서민 단탕單湯'이라는 원칙을 내세우면서 가문의 위세를 과시하는 수단으로 탕을 적극 이용하기도 한다.

과일의 경우, 『의례』와 『예기』에는 대추와 밤 이외의 과일은 나타나지 않고 있으며, 그 외 『가례』에는 6과果, 『사례편람』과 『가례집람』에는 4과果, 「제의초」에는 5과果와 같이 정확한 명칭 없이 개수만을 제시하고 있다. 또 『국조오례의』에서는 2품 이상 5과果, 6품 이상 2과果, 9품 이상 및 서인庶人 1과果와 같이 품계에 따라 차등화되어 있다. 하지만 오늘날에는 대추·밤·감·배(棗栗柿梨)를 비롯해 사과가 기본적으로 차려지고, 그 외 비닐하우스 재배농법의 발달에 의해 계절에 상관없이 수박·포도·딸기·참외 등과 같은 다양한 과일이 추가되는 것이 보편적 경향이다. 이는 제사상의 가장 앞줄에 차려지는 과일의 종류를

늘림으로써 제사 규모를 대외적으로 과시하기 위한 것으로 보이는데, 시각적 효과를 극대화하기 위해 과일을 높이 쌓아 올리기도 한다.

제물의 웅장함은 도적과 떡, 곧 고임제물을 통해 드러내고 있다. 도적은 고례에는 나타나지 않는 것으로, 고례에 바탕 한 육적肉炙·어적魚炙·계적鷄炙과 같은 3적을 각각 진설함에도 불구하고 별도로 이를 통합시킨 그야말로 과시용 제물이라 할 수 있다. 도적은 3적과 마찬가지로 어류·육류·닭의 순서로 적틀(炙臺)에 올리는데 이때 가문의 위세를 과시하기 위해 최대한 높이 쌓는다. 떡도 마찬가지이다. 앞서 살펴봤듯이 고례에는 떡을 틀(䭏臺)에 쌓는 관행이 없었다. 그러나 오늘날에는 시루떡을 여러 층 겹쳐서 쌓은 후 그 위에 인절미 형태의 잡편을 장식으로 올리는데, 이때도 최대한 높이 쌓는다. 제사에 참여한 사람들 역시 제사상에 차려진 도적과 떡의 높이를 보고 해당 가문의 위세를 가늠한다. 이렇듯 효의 실천적 행위인 조상제례가 가문의 위세를 대외적으로 과시하는 기회가 되고 있는데, 이는 조선시대 부계혈통을 중심으로 한 유교의 친족 관념이 정착·확대되면서 비롯된 가문의식의 강화에 따른 결과로, 오늘날까지 현재진행형으로 지속되고 있는 것이다.

제6장

술로 빚은 종가문화, 가양주

허시명
(막걸리학교 교장)

1. 가양주의 역사

나라는 법률로 다스릴 수 있지만, 가정은 법률로 다스릴 수가 없다. 집안은 관습과 문화로 다스려지는 것인데, 가양주는 집안의 관습과 문화를 잘 품고 있는 대상의 하나다. 가양주를 통해서 우리가 살피려고 하는 것은 집안마다 오랫동안 지켜온 관습과 문화다.

1) 가양주의 다양한 쓰임

술은 인간이 즐기는 음식의 한 가지로, 오래도록 자유롭게 만들어 먹던 발효식품이자 기호식품이었다. 가양주家釀酒는 그중 민가에서 빚는 술을 뜻한다.

민가에서 술이 필요했던 이유는 여러 가지가 있다.

첫째, 제사를 포함한 일생 의례에 술이 필요했다. 술이 제사에 필요했던 이유는 혼백을 모셔오기 위해서였다. 제사 때에 피우는 향은 하늘에 올라 혼魂을 불러오고, 술은 땅에 스며들어 백魄을 불러온다고 여겼다. 종묘제례를 지낼 때에도 마루로 된 실내에 땅과 연결된 관지통이 있어, 그곳에 술을 부어 백을 불러온다. 성묘를 할 때에 묘소 주변에 술을 뿌리는 것도 백을 불러오는 의식이다. 집안에서 제사를 지낼 때는 땅을 상징하는 모사그릇에 술을 부어 백을 불러온다. 일생 의례에 있어서도 성인식을 치르는 관례, 합환주를 나누는 혼례, 장례를 치르는 상례, 사돈손을 만나는 상견례에서 술이 필요했다.

둘째, 손님을 맞이할 때 술이 필요했다. 집안에 손님이 찾아오면 주안상을 차려 반겼다.

셋째, 집안 어른을 접대하기 좋은 것이 술이었다. 노인을 봉양하기 좋은 것이 술이라고 했다.

넷째, 농사를 짓기 위해서 술이 필요했다.

다섯째, 식은 밥이 남거나, 곡식이 남을 때에는 술을 빚어 곡물의 활용도를 높였다.

이제 와서 가양주를 다시 논의하는 이유는 가양주에서만 살필 수 있는 문화가 있기 때문이다. 예컨대 나라는 법률로 다스릴 수 있지만, 가정은 법률로 다스릴 수가 없다. 집안은 관습과 문화로 다스려지는 것인데, 가양주는 집안의 관습과 문화를 잘 품고 있는 대상의 하나다. 가양주를 통해서 우리가 살피려고 하는 것은, 집안마다 오랫동안 지켜온 관습과 문화다. 이 글에서는 가양주의 역사를 살펴보고, 가양주의 과제를 살펴보고자 한다.

2) 술의 상품화와 가양주

가양주라는 말은 상대적인 개념이다. 가양주는 집안에서 빚는 술을 뜻하는데, 이 말에는 집 밖에서 빚어지는 술이 존재한다는 의미를 담고 있다. 집 밖에서 빚어졌던 술로 조선시대에는 궁중술, 사찰술, 마을술, 주막술 등이 존재했다. 하지만 궁중술과 사찰술과 마을술과 주막술은 가양주와 대치되는 개념이 아니었다. 민가의 가양주가 진상품

으로 궁궐로 들어가기도 하고, 사찰술이 마을술이 되기도 하고, 마을
술이 가양주가 되기도 하면서 서로 소통하면서 흘러왔다.

가양주라는 개념이 좀 더 분명하게 부각된 것은 양조장이 생기고,
술이 상품화되면서부터다. 1909년에 주세법이 생긴 초기에는 영업용
주와 자가용주[1]의 구별을 따로 두지 않고, 신고한 수량에 따라 주세를
부과했다. 1916년 주세령이 발령되면서부터 영업용주와 자가용주가
구분되고, 과세 방법도 달라졌다.[2] 이때 자가용주의 제조는 조선주는
허용하되 비조선주[3]는 금지하였다. 그렇지만 영업용주에 비해 자가용
주의 세율을 높였고 제조 수량의 하한선을 두어 소규모 제조업자의 증
가를 막았다.[4]

이에 따라 자가용주 면허자는 점차 줄어들어 1916년에 366,700여
명이, 1926년에 131,700여 명으로, 1928년에 34,800여 명으로, 1929년
에 265명으로 줄더니, 1932년에 1명이 되었다. 더 이상 개인 면허를 두
는 것이 의미없게 되자 1934년에 자가용주 제조 면허제를 폐지하였다.[5]

이로써 자가용주, 즉 집에서 빚던 가양주는 불법적인 밀주가 되어
공개적으로 빚을 수 없게 되었다. 이는 가양주의 전승과 발전의 심대

---

1) 주세법에 자가용주 제도라는 표현이 나오므로 주세법과 관련된 부분에서는 가양
   주라 하지 않고 자가용주라 함.
2) 배상면 편역, 『조선주조사』(도서출판 규장각, 1997), 69~70쪽.
3) 주로 일본인에 의해 빚어진 일본 술.
4) 배상면 편역, 『조선주조사』(도서출판 규장각, 1997), 248쪽.
5) 위의 책(1997), 43~44쪽.

한 타격을 가한 사건이 되었다. 이후 일제는 밀조주에 대한 단속을 강화해서 매년 1만5천 건 이상을 검거하고 엄하게 처벌했다.[6]

3) 가양주의 단절과 부활

조선시대에는 주세도 걷지 않았고, 양조업도 활성화되지 않았다. 집에서 술을 빚었고, 주막에서 술을 빚어 음식과 함께 파는 정도였다. 술을 만들어 멀리 운송하거나, 상품으로서 유통하던 사례도 찾아보기 어렵다. 나라에서 양조업을 권장하지 않았고 주세를 걷지도 않았는데, 이는 술이 곡물을 허비하기 쉬운 음식이었기 때문이었다. 그래서 흉년이 들거나 자연 이변이 일어나면 수시로 금주령을 내려 술을 멀리하게 했다.

주세를 걷지 않은 또 다른 이유로 정약용의 의견을 들어 볼 만하다. 정약용은 중국의 주세 징수 제도를 나열하면서, 우리나라는 비록 동쪽 변경에 처하여 있으나 삼한 이래로 군주가 술과 초를 팔아서 이익을 취한 예가 없다고 하였다. 그런데 중국인들이 주세를 거두면서 오히려 중국이라고 자존하니 또한 수치스럽지도 않단 말인가? 라고 질타했다.[7] 먹는 음식을 가지고 나라가 백성과 다투지 않으려 했다는 의식이 조선시대에 존재했음을 알 수 있다.

---

6) 지철호, 『한국의 술 반세기의 바가지』(백산출판사, 2004), 65~66쪽.

7) 정약용, 『경세유표』 11권, 「각주고」.

개항 이후 근대 산업의 맹아가 싹트기 시작하면서, 양조업은 자연 발생적으로 성장하게 되었다. 1906년 재정고문부의 조사에 따르면, 경성에서 사용하는 곡자는 성 밖 공덕리(마포 공덕동), 동막, 마포 부근에 있어 8월~10월에 주로 제조되었는데, 곡자 전업자의 수가 공덕리 약 50~60호, 동막과 마포를 합하여 약 100호에 이르렀다. 1호의 1년 밀 소비량은 평균 50~60석[8]이 되었다고 한다.[9] 1907년 재정고문부의 보고에 따르면, 공덕리에는 100여 호의 소주 제조가가 있어 큰 곳에서는 1년에 60석, 작은 곳은 3석을 제조하여 총 3천 석 이상을 생산했다[10]고 한다.

이 시기에 경성에서 술을 거래하는 공간으로 헌주가獻酒家, 소주가燒酒家, 호주가壺酒家 등이 있었다. 헌주가는 약주와 백주白酒를 제조하고, 소주가는 소주를 제조하여 음식점인 주막에 판매하였다. 호주가는 약주, 백주, 과하주를 소량 제조하여 사발이나 잔으로 팔았다. 하지만 탁주는 음식점이나 주막들에서 직접 빚어서 팔았다.[11] 대한제국의 통감부[12]에서 세원 조사 사업의 일환으로 파악한 1908년 말 술의 연 생산량은 약 170만 석 정도였다.[13] 이 시기까지 가양주는 자생적인 양조

---

8) 1石은 180 *l*.

9) 위의 책, 201쪽.

10) 위의 책, 219쪽.

11) 위의 책, 91~92쪽.

12) 1906년(광무 10) 2월부터 1910년(융희 4) 8월까지 일제가 한국을 완전 병탄할 목적으로 설치한 감독기관으로, 이를 통해 일제는 한국병탄의 예비 작업을 수행하였다.

13) 『국세청기술연구소 일백년사』(국세청기술연구소편, 2009), 59쪽.

업과 공존했다.

경제권을 침탈한 일본의 주도로 1909년 주세법이 개정되면서 주세는 국가의 중요한 세원으로 자리잡게 되었고, 1930년대에는 주세가 국세의 30%를 차지할 정도로 성장하였다. 주세법이 강화되면서 가양주는 철저히 암흑기를 보내야 했고 대부분의 가양주들이 퇴화되고 소멸되었다.

그리고 자가용주 제도가 폐지된 지 61년이 지난 1995년에서야 가양주 제조가 합법화되었다. 가양주가 부활하게 되면서, 일반인들의 술에 대한 관심도 높아지고 술 빚기 교육도 이루어지게 되었다.

2. 전승 주체에 따른 한국술의 구분

한국술의 갈래를 전승 주체별로 구분하면 궁중술, 사찰술, 주막술, 마을술, 가양주로 나눌 수 있다. 각각의 탄생과 전승에 관한 역사를 소략하면 다음과 같다.

1) 궁중술

궁궐에서 술을 빚었다. 궁궐에서 제주로 사용하기도 했고, 임금이 신하들과 술을 즐기기도 했고, 하사품으로 내리기도 했다.

고려 문종(1046~1083) 때에 술 빚는 관청으로 양온서良醞署가 있었고, 이곳에서 영令 2인과 승丞 2인이 근무했다. 1124년에 고려를 방문한 서긍의 『고려도경』에 의하면 왕이 마시는 술은 양온서에서 다스리는데, 청주와 법주의 두 가지가 있어서 질항아리에 넣어 명주로 봉해서 저장해 둔다고 하였다.[14] 양온서는 장례서掌醴署, 양온감良醞監, 사온감司醞監이라고도 불렸는데, 고려 충선왕 때에 사온서로 바뀌었다.

조선시대에 들어 1392년(태조 1) 7월에 관제를 정할 때 사온서를 두어 주례酒禮를 맡게 하였다. 관리로는 처음에는 영令(정5품)·승丞·직장直長(정7품)·부직장副直長을 두었으나, 1414년(태종 14) 승을 주부主簿(종6품)로 고치고, 1446년(세조 12) 부직장을 봉사奉事(종8품)로 개칭하여 관제를 정비하였다. 이때 사온서에는 주고酒庫도 딸려 있었다. 사온서는 조선 중종 때까지 존치되었던 것으로 보인다.

조선 후기에 들어 국가 재정난을 타결하기 위해서 사온서가 내자시에 병합되었다. 내자시에서는 궁궐 내의 곡물, 채소, 과일, 양념과 함께 술까지 관장하는 일을 했다. 이 내자시는 1882년(고종 19)까지 유지되었다.

궁궐 사온서나 내자시에서 빚었다는 술의 구체적인 목록은 현재 남아 있지 않다.[15] 조선의 멸망과 함께 조선 궁궐의 술에 대한 내용은

---

14) 정동효, 『우리나라 술의 발달사』(신광출판사, 2004), 63쪽에서 재인용.
15) 궁중 어의였던 전순의가 1450년에 집필한 『산가요록』이 전해오는데, 이 책에 나오는 51가지 술이 궁중에서 빚어졌던 것인지는 알 수 없다.

사라지고 말았다. 다만 궁궐에서 빚어졌던 술 몇 가지가 민가에 전승되어 현재에 이르고 있다. 경주교동법주, 해남 진양주, 서울 향온주는 궁궐에서 빚어진 술이라고 한다.

경주교동법주는 현 기능보유자인 최경의 10대조인 최국선이 조선 숙종 때 궁궐 사옹원의 참봉을 지냈는데, 그때 궁궐에서 술 빚는 법을 배워 집안에 전해 준 것이라고 한다. 경주교동법주는 1986년에 국가지정 문화재로 지정되었다.

서울 향온주는 하동정씨 집안의 정해중씨의 8대조 정도시가 궁궐을 드나들면서 알게 되어 집안에 전해 준 술이라고 한다. 여러 번 덧술하여 발효한 뒤에 증류해서 만드는데, 독하지만 향이 좋고 부드러운 소주다. 현재는 서울시 무형문화재로 지정되어 있다.

2) 사찰술

사찰에서는 술을 곡차라 부른다. 불교를 국교로 삼았던 고려시대에는 사찰에서 술을 빚기도 했다. 고려 현종 18년(1027) 6월 계미일에 양주에서 아뢰기를, "장의, 삼천, 청연 등 사찰의 승려들이 나라의 금령을 위반하고 쌀 3백60여 석이나 소비하여 술을 빚었으니 법에 따라 처단하시기 바랍니다" 하니, 임금이 그대로 따랐다.[16] 고려 인종 9년에는 내외사사內外寺社의 승도들이 술과 파를 팔아 상도를 문란시키고 풍

---

16) 『국역 고려사』 제1책(사회과학원고전연구실, 1962; 신서원 발행, 영인본, 1991).

속을 파괴하고 있으니 이를 금지시켜 달라는 상소가 올라왔다.[17] 고려 시대에는 팔관회와 연등회 등의 큰 잔치가 있었고, 국가로부터 비호받은 사찰이 비대해지면서 술을 팔아 이익을 취하는 경우가 있었다.

조선 후기에는 사찰들이 누룩을 팔아 경제적인 기반을 마련했다. 경상남도 동래군의 범어사, 양산군의 통도사, 산성군의 원청사, 합천군의 해인사, 산원군의 대종사 사천군의 옥천사 등에서 누룩을 만들었는데, 그중 통도사는 최고로 유명하였고, 그 다음으로 범어사, 옥천사가 유명했다. 범어사는 백 명의 승려가 있어 매년 2,300석 이상의 밀을 사용하여 누룩을 제조하여 부산 지방에 팔았다고 한다.[18]

사찰술의 전통을 이어받은 술로 전라북도 완주의 송화백일주와 송죽오곡주가 있다. 모악산 수왕사에서 전해오는 술인데, 조선 중기의 유명한 선승 진묵대사가 즐겼다고 한다. 송죽오곡주에는 오곡으로 쌀, 보리, 조, 콩, 기장이 들어가고 솔잎, 댓잎, 국화, 구기자, 오미자가 들어간다. 송죽오곡주를 증류한 송화백일주에는 송홧가루가 들어간다. 현재 수왕사의 주지인 벽암스님이 술을 빚는데, 농림수산식품부 명인 제1호로 지정되어 있다.

사찰술의 전통을 잇는 또 다른 술로 담양 추성주가 있다. 추성주

---

17) 『고려사절요』 인종 9년 6월, 음양회의소의 상소. 이상희, 『술·한국의 술문화 1』, 438쪽에서 재인용.
18) 배상면 편역, 『조선주조사』(도서출판 규장각, 1997), 203쪽.

는 담양 연동사에서 빚어졌던 술과 연계가 있다고 한다. 추성주에는 두충, 창출, 육계, 우슬, 하수오, 연자육, 산약, 강활, 의이인, 독활, 구기자, 오미자, 갈근, 홍화, 음양곽, 상심자 따위의 약재가 들어간다. 현재 계승되고 있는 술 중에서 가장 많은 약재가 들어가는 술이다. 이는 선승들이 산중의 냉기를 다스리기 위해, 산중에서 쉽게 구할 수 있는 약재를 넣어 곡차를 만들었던 것으로 보인다.

약재가 많이 들어간 전통은 가양주에서도 쉽게 발견할 수 있는데, 이를 통해 사찰술과 가양주가 얼마간 소통했으리라 짐작할 수 있다.

3) 주막술

주막은 술과 밥을 팔면서 길손을 재워 주는 공간이다. 주막은 주사酒肆, 주가酒家, 주포酒鋪, 술막, 숫막, 탄막炭幕, 야점夜店, 점막店幕이라고도 불렀다.[19] 왕조시대에 주막은 전국에 가장 골고루 퍼진 음식점이자 양조 공간이었다.

조선시대에 주막의 술이 많았으리라 여겨지는데, 특별히 문헌에 전해오는 것은 없다. 그 지역에 두루 퍼진 마을술이 주막술로 팔려 나갔을 것으로 여겨진다.

1909년 주세법이 생기고 조선주 제조장이 많았던 시대에는 조선주 제조장이 술 소매점이자 음식점을 겸했다. 1916년경의 조선주 제조

---

19) 이상희, 『술·한국의 술문화1』(도서출판 선, 2009).

장 12만은 거의 전부가 주막이었으나, 그 후 제조장의 집약 과정에서 정리되어 1919년에 7만여, 1926년에 3만여, 1930년 이후에는 5천 이하로 줄어들었다.[20]

하지만 주막이 주조장으로 전환되었다는 기록은 그다지 보이지 않는다. 주세법이 강화되면서 주막은 술 전문 배급소로부터 술을 구매하여 판매하는 음식점으로 변해갔다. 경영 주체가 여성이었고, 주막이 영세했기에 주조장으로 변신하지는 못했던 것으로 보인다.

다만 주막에서 빚었던 술이 마을술이나 가양주와 크게 다르지 않았을 것이라 짐작될 뿐이다.

4) 마을술

한 마을의 주민들이 두루 빚을 줄 알고 즐기는 술을 마을술이라고 할 수 있다. 현재 마을술이라고 할 수 있는 것은 한산 소곡주와 진도 홍주 정도다.

한산 소곡주는 충청남도 서천군 한산면에 두루 퍼져 있다. 한산을 둘러싼 서천면 일대에서도 소곡주를 빚는 이들을 쉽게 찾아볼 수 있다. 한산 모시를 짜는 공동체 문화를 갖고 있다는 것이 영향을 미쳤을 것으로 보인다. 진도 홍주는 진도 사람들이 모두 다 내릴 줄 안다고 말한다. 독자적인 섬 문화가 진돗개를 키웠듯이, 진도 홍주를 유지시켰

---

20) 배상면 편역, 『조선주조사』(도서출판 규장각, 1997), 96쪽.

던 것으로 보인다.

그런데 마을술과 가양주는 크게 다르지 않다. 술의 통제가 심하지 않았을 때는 마을술의 형태로 있다가 금주령이 심해지거나 주세 단속이 심해지면 가양주로 숨어들었다.

대표적인 예가 해남 진양주다. 진양주는 참 진眞 자를 써서 참쌀, 즉 찹쌀로 빚은 술이다. 조선 헌종 때에 궁녀 최씨가 궁궐을 나와 전남 영암군 덕진면의 광산김씨 집안의 후실로 들어오면서 전해지게 되었다고 한다. 김씨 집안의 딸이 해남 덕정리 장흥임씨 집안으로 시집오면서 임씨 집안의 가양주가 되었다. 덕정리는 솥처럼 생긴 마을로 여러 군데 우물을 파면 가난해진다 하여 공동 우물을 썼던 장흥임씨 동성마을이라, 진양주는 마을술로 쉽게 확대되었다. 진양주가 맛있다고 소문나면서 인근 사람들이 술을 받으러 덕정리로 찾아올 정도로 술 빚는 집이 늘어났다. 하지만 술 단속으로 술 빚는 집들이 사라지고, 덕정리의 임종모 씨 집만 홀로 술을 빚는 집이 되어 1994년에 전라남도 무형문화재로 지정되었다.

해남 진양주를 보면, 궁중술에서 가양주를 거쳐 마을술로 확장되었다가 다시 가양주로 남아 오늘에 이른 것을 볼 수 있다. 이제는 그 주조법이 공개되어 어디서든 빚을 수 있는 술이 되었다. 하지만 아무리 주조법을 따라하더라도, 덕정리 임씨 집안에서 4대째 전승되고, 술맛이 조선 헌종 때 궁녀 최씨로부터 전승되었다는 이야기는 흉내 낼 수가 없을 것이다.

안동소주는 좀 더 특별한 경우다. 안동소주가 고려시대 몽골침략기에 전승된 것에는 이견이 없지만, 안동소주가 전국적인 명성을 얻게 된 것은 일제강점기에 제비원소주가 등장하면서 이루어진 일로 여겨진다.[21] 그 명성이 이어져 오다가 1990년 이후에 안동소주 양조장들이 6개[22]나 생겨나면서 안동소주는 지역의 대표 술로 간주되고 있다. 현재로서 안동소주는 마을술로 계승되고 있는 것이 아니라, 지역 브랜드를 획득한 양조장 술로 계승되고 있다고 하겠다.

5) 가양주

한국 전통술은 한 집안의 가양주를 중심으로 주로 계승되어 왔다. 가정은 연속성을 지닌 사회 공동체의 최소 단위로, 밀주 단속에도 끈질기게 술을 지킬 수 있는 공간이었다.

가양주는 궁중술과 사찰술과 마을술과 서로 교류하고 소통하면서 존재해 왔다. 궁중술이 가양주가 되기도 하고, 가양주가 진상되어 궁중에 들어가기도 하고, 사찰술이 사하촌에 내려와 가양주가 되기도 했다. 마을술과 가양주는 소통하는 사이였다. 특히 동성마을에서는 한 집안의 술이 한 마을의 술로 쉽게 확대되기도 했다. 거꾸로 단속이 심할 때에는 한 집안에만 숨어들기도 했는데, 그 술을 숨겨 두고 빚었던 집

---

21) 배영동, 「안동소주 생산과 소비의 역사와 의미」, 『지방사와 지방문화』 9권 2호(2006).
22) 민속주 안동소주, 명인안동소주, 일품안동소주, 명품안동소주, 양반안동소주, 금복주 안동소주.

【표 1】국가기관이나 지자체로부터 인증 받은 전통주 현황

명칭	지정 명칭 또는 부서	전승 계보
완주 송화백일주	전통식품명인 1호	사찰술
금산 인삼주	전통식품명인 2호	가양주, 마을술
공주 계룡백일주	전통식품명인 4호	가양주
명인 안동소주	전통식품명인 6호	마을술, 양조장술
문배주	전통식품명인 7호	가양주, 마을술, 양조장술
전주 이강주	전통식품명인 9호	가양주, 마을술
용인 옥로주	전통식품명인 10호	가양주, 양조장술
청양 구기주	전통식품명인 11호	가양주, 마을술
계명주	전통식품명인 12호	가양주, 마을술
논산 가야곡왕주	전통식품명인 13호	가양주
김천 과하주	전통식품명인 17호	마을술, 양조장술
한산 소곡주	전통식품명인 19호	가양주, 마을술
민속주 안동소주	전통식품명인 20호	마을술
담양 추성주	전통식품명인 22호	가양주, 사찰술
함양 솔송주	전통식품명인 27호	가양주, 마을술
서울 송절주	서울시무형문화재	가양주
서울 삼해주	서울시무형문화재	가양주, 마을술
홍천 옥선주	전통식품명인 작고	가양주
면천 두견주	국가지정문화재	마을술
아산 연엽주	충남 무형문화재	가양주
청주 대추술	문화부	마을술
충주 청명주	충남 무형문화재	가양주, 마을술
청원 신선주	충남 무형문화재	가양주
보은 송로주	충남 무형문화재	가양주
부산 금정산성 막걸리	대통령령 제9444호	마을술
문경 호산춘	경북 무형문화재	가양주
함양 국화주	교통부	문헌 재현술, 마을술

명칭	지정 명칭 또는 부서	전승 계보
남해 유자주	교통부	가양주, 마을술
평창 감자술	교통부	마을술
비슬산 하향주	대구 무형문화재	마을술, 가양주
낙안 사삼주	전남 무형문화재	문헌 재현술, 마을술
해남 진양주	전남 무형문화재	마을술, 가양주
태인 죽력고	전북 무형문화재	마을술, 가양주
보성 강하주	전남 무형문화재	마을술, 가양주
김제 송순주	문화부	가양주
전주 장군주	교통부	가양주
진도 홍주	전남 무형문화재	마을술
제주 오메기술	제주 무형문화재	마을술
제주 고소리술	제주 무형문화재	마을술

은 제사가 잦은 종갓집일 경우가 많았다. 현재 문화재나 명인 지정을 받은 민속주들을 살펴보면 가양주의 전통을 잇고 있는 술들이 많다.

　【표 1】에서 알 수 있듯이, 무형문화재나 전통·명인 지정을 받은 전통술은 대체로 가양주나 마을술의 형태를 띠고 있다. 마을술이라 하더라도, 오래도록 밀주 단속의 대상이 되면서 간신히 한 집안에만 머물러 있던 술들이 많다.[23]

---

23) 금산 인삼주, 전주 이강주, 청양 구기주, 함양 솔송주, 서울 삼해주, 충주 청명주, 해남 진양주, 태인 죽력고, 보성 강하주.

3. 가양주의 다양한 역할

1) 집안의 건강보조식품, 약주

노인을 봉양하기 좋은 음식이 술이라고 한다.

대사헌을 지낸 이육(1438~1498)이 쓴 『청파극담』에 나온 이야기다. "일찍이 하동河東(정여창)이 말하기를, '술은 노인의 젖이다. 곡식으로 만들었으니 마땅히 사람에게 유익할 것이다. 내 평생에 밥을 먹을 수 없었으니, 술이 아니었더라면 어떻게 지금까지 살아왔을는지' 라고 하였다. 서달성(서거정), 이평중(이파), 손칠휴(손순효)도 또한 술로 밥을 대신했다. 사람의 오장은 강약이 다르고, 또 술도 술술 들어가는 곳이 따로 있는 것인지 알 수 없는 일이다. 그러나 술을 마시는 사람은 필경엔 술한테 지게 되어, 술을 끊으려 하여도 끊지 못하고, 술기운이 없게 되면 다시 마시어 정신이 이미 안에서 사라진다"[24]라고 했다.

집안에 약주[25]를 좋아하는 어른이 계시면, 집안에 술이 있기 십상이다. 이때 술을 빚는 이는 잘 빚고 못 빚고를 떠나, 몸에 좋은 술을 빚으려 한다. 알코올 도수가 높은 독주보다는 몸을 보할 수 있는 약재를

---

24) 허시명, 『막걸리, 넌 누구냐』(예담, 2010), 73쪽에서 재인용.
25) 이때 약주는 약재가 들어간 술이 아니라, 술의 높임말이다. 약주의 의미는 술의 높임말, 약재가 들어간 술, 일본 청주와 다른 조선 청주를 지칭하는 말로 쓰이고 있다.

한두 가지라도 넣어서 술을 빚는다.

전라북도 김제 학성강당에 전해오는 술로 백화주가 있다. 백화주를 빚는 김종회 씨는 백화주가 집안에 전승될 수 있었던 이유를 이렇게 말했다. "가양주는 한 집안에서 우연히 빚게 된 술이 아닙니다. 한 집안에서 먼저 눈뜬 사람이 어떤 술을 가양주로 삼고, 그 술을 대물림하거나 대대로 빚으라고 한 거죠. 유전학적으로 한 집에 부족한 요소는 자손 대대로 이어집니다. 술은 기혈 순환이 잘되게 하는 것이 본래 기능입니다. 그러니 대개의 가양주는 유전학적으로 그 집안의 부족한 요소를 보충해 주는 기능을 담당하고 있다고 보입니다. 고승들이 고산병을 치유하기 위해서 술을 빚어 곡차로 마셨던 것과 같은 이치지요"[26]라고 했다.

학성강당 김종회 씨가 빚는 술은 백 가지 꽃이 들어가는 백화주다. 백화주를 집안의 12대조 김호 어른이 "어떤 일이 있어도 학문을 끊지 말 것이며, 높은 벼슬에 오르지 말 것이며, 큰 부자가 되지 말 것이며, 문집을 만들지 말 것이며, 매년 섣달에 백화주, 백초주, 백초화주 중 한 가지를 빚어 제사와 손님 받들기를 소홀히 하지 말라"고 『가승보』에 남겨 놓았다고 한다.

장수황씨 집안의 가양주인 문경 호산춘에는 솔잎이 들어가고, 안동의 정재종택에서 빚는 송화주에는 솔잎과 국화가 들어간다. 금산 인삼주, 계룡백일주, 둔송 구기주, 함양 솔송주도 모두 약재가 들어간 가

---

26) 허시명, 『비주, 숨겨진 우리술을 찾아서』(웅진, 2004), 33쪽.

양주다. 가양주에 솔잎 하나, 꽃잎 하나, 인삼 뿌리 하나라도 들어갔던 이유가 그 술을 마시는 집안 어른의 건강을 배려했기 때문이다. 가양주는 한 집안의 건강보조식품으로서의 기능을 수행했다.

2) 백魄을 불러오는 제주祭酒

가양주의 가장 큰 용도는 제주로 쓰기 위함이다. 아무리 살림이 어렵더라도 제사 지낼 때는 술을 준비한다. 술을 구매할 수 없던 시절에는, 적게라도 술을 빚어야 했다. 제주로 사용하는 술은 대체로 맑은 청주다. 정성들여서 술을 빚고, 그 술이 다 완성되었을 때 술덧의 윗부분에서 처음 떠내면 청주가 된다. 마치 제사상에 메를 올릴 때 솥에서 처음 떠낸 고슬고슬한 밥을 올리는 것처럼, 누구도 입을 대지 않은 첫술을 올리게 된다.

2010년 경상북도 종부들의 모임[27]에서, 제주祭酒를 빚고 있는지 물어본 적이 있다. 40명쯤 모인 자리에서 5명이 제주를 직접 빚는다고 했다. 조사 대상이 종부들인 만큼 기대보다는 적은 숫자였다. 제주로 사용하는 술은 대체로 맑은 술 청주였다. 탁주는 두어 집, 소주는 한 집이 사용하고 있었다. 소주는 독한 자손이 나온다고 제주로 쓰지 않는데, 산소에서 지내는 묘제 때에 벌레나 산짐승이 꼬일까 봐 소주를 사용한

---

27) 2010년 8월 4일, 경북여성정책개발원에서 진행한 '전통 종가음식 창업 컨설팅 심화사업'의 모임.

다고 했다. 제주를 빚을 때 엄나무나 솔잎, 국화를 넣는 집안도 있었지만 엄격히 쌀과 누룩만으로 맑게 빚어 사용하는 집안도 있었다.[28]

제주는 특별한 목적이 있지 않은 한 소주를 쓰지 않는다. 산신제나 당제를 지낼 때, 직접 술을 빚어 올리는 경우에는 술이 맑게 괴지 않아 탁한 상태로 쓰는 경우가 있지만, 대체로 맑은 술 청주를 제주로 사용한다. 시중에 판매되고 있는 차례주들이 약재가 들어가지 않은 맑은 술인 이유는 이런 정서를 반영하고 있어서다.

제주의 체계가 다양하고 엄격한 석전제[29]의 경우를 보면, 딱히 청주만을 올리지는 않았다. 예제醴齊, 앙제盎齊, 청주淸酒, 명수明水, 현주玄酒를 올리는데, 이 중에서 술이 3가지이고 물이 2가지이다. 예제는 발효가 덜 되어서 술과 지게미가 서로 어우러진 탁한 형태이고, 앙제는 발효가 다 되어 총백색(흰 파 색깔)이 도는 상태다. 청주는 겨울에 빚어 여름에 떠낸 술이다. 명수는 달빛 아래에서 뜬 물이며, 현주는 물을 높여 부른 말이다. 초헌관, 아헌관, 종헌관의 역할이 분명하고, 술을 담는 용기도 희준, 상준, 산뢰에 구분되어 있는 석전제나 종묘제례에서는 제주의 형태도 다양했다. 하지만 민가에서는 제주를 화려하게 할 수 없고, 약식화되어 청주를 사용하는 형태로 정리되었던 것으로 여겨진다.

---

28) 허시명, '종가의 술', 『경향신문』, 2010.8.24.
29) 중요무형문화재 제85호로 지정된 문묘에서 공자를 비롯한 성현들에게 제사 지내는 의식.

3) 풍류와 인심을 나누는 술

가양주는 때로 한 집안의 얼굴 노릇을 한다. 중요무형문화재로 지정된 경주교동법주를 빚는 배영신 씨는 "손님이 주장이지. 손이 있으니까 술상이 나가는데 술이 없이는 우리가 손님 대접이 안 되거든. 술이라 카는 게 늘 그렇다꼬. 술이 있으만 안주가 있어야 되고 안주 먹고나면 자고 가야 되고……"[30]라고 말한다.

'사람 사는 집의 인심 소문은 과객의 입에서 난다' 하여, 내 집에 찾아오는 손님을 잘 접대해서 보내려고 했다. 접빈객한다는 것은 주안상을 내놓는다는 행위로 이어진다. 이때 단순히 술상을 내놓는 데서 그치지 않고, 좀 더 멋진 술을 내놓음으로써 품격을 높였던 집안도 있다.

강릉 선교장의 전주이씨 집안에서는 연엽주를 빚었다. 손님이 찾아오면 활래정[31]에서 밤늦도록 주연이 펼쳐졌다. 주안상에는 구절판과 신선로가 오르는데, 귀한 손님이 오면 1인용 신선로가 올랐다고 한다.

경포대에서 멀지 않은 곳에 터잡은 창녕조씨 집안에 전해오는 술로 송죽두견주가 있다. 진달래꽃술에 솔잎과 댓잎이 들어가 좀 더 화려한 술 이름을 얻었다. 풍류 넘치는 사람들을 맞이하면서, 술 이름도 좀 더 화려해졌던 것으로 보인다.

---

30) 『경주교동법주』(국립문화재연구소, 1998), 144쪽. 경주교동법주 기능보유자 배영신의 구술.
31) 선교장 안의 연못을 끼고 있는 정자.

경주최씨 집안에서는 "솔직히 말해 교동법주는 서민들이 마시기에는 사치스러운 술이지요. 반면에 술로서는 으뜸이고요. 옛날에는 손님이 워낙 많았기에 손님 접대를 잘하기 위해 이 법주를 빚는데 비용과 정성을 아끼지 않고 쏟다 보니 최고의 술이 되었던 게지요"[32]라고 말한다.

안동장씨의 『음식디미방』에 50가지가 넘는 술이 등장한다. 그렇게 많은 술을 알고 있었던 것도 한 집안의 품격을 드러내기 쉬운 음식이 술이었기 때문이다.

4) 농사일의 피로회복제, 농주

가양주가 가장 긴요하게 쓰였던 시기는 농번기 때다. 이삼월에 농사 준비를 하면서 모내기할 때 쓸 술을 미리 담아 놓기도 한다.

충청남도 아산시 선장면에 사는 김미자 씨[33]는 "시집와서 보니 일꾼이 세 명 있고, 농번기 때문 문간방에 품꾼들이 열 명가량 있는 거여. 그러니 술을 사다가 줄 수 있나요. 막걸리 해서 대접해야지. 그러니까 노다지 술을 만들었지"[34]라고 했다.

1962년에 『동아일보』에 실린 기사다. "밥만으로 고된 농촌 작업

---

32) 위의 책, 172쪽.
33) 2004년에 인터뷰할 때 62살이었다.
34) 허시명, 『비주, 숨겨진 우리술을 찾아서』(웅진, 2004), 119쪽.

을 감당할 수 없다는 것은 괭이라도 한번 잡아 본 사람이라면 알 수 있는 일이다. 원거리에 있는 양조장에서 매번 사다가 쓸 수도 없는 일이, 모자라는 일손에서 시간의 낭비와 경제적인 부담은 도저히 불가능한 일이다.…… 정부 당국에서 논매기가 끝날 동안이라도 밀주 단속을 완화해서 마음 놓고 농주를 사용할 수 있게 해 준다면 직접적인 협조에 못지않게 농민들에게 큰 힘과 위로가 될 줄 안다"[35]라고 했다.

이만큼 농주는 농번기에 절실한 것이었다. 막걸리 한 사발이면 갈증과 허기를 면케해 주고, 약간의 취기는 피로감을 씻어 주어 새로운 힘을 북돋워 준다. 양조장이 없었을 때는 당연히 농주를 빚어서 내놓았는데, 양조장이 생긴 뒤로도 몰래 술을 빚거나, 빚을 술을 양조장 술과 섞어 단속을 피하기도 했다. 집에서 빚는 농주는 농사일의 피로회복제이자 반식량이었다.

4. 가양주의 미래

1) 신앙에서 과학으로

주세법 시행과 밀주 단속이 실시된 이후에는 집안에서 술 빚기는 불법의 은밀한 일이 되었다. 이로써 가양주의 기술이 소통되거나 발전

---

35) 『동아일보』, 1962년 8월 22일 3면 기사 '농주만은 조금 봐주면 좋겠다'.

되는 길도 막혔다. 농촌을 돌아다니며 술 빚는 법을 조사해 보면, 술 빚기의 기술은 대체로 퇴화된 형태로 남아 있다. 쌀과 누룩을 같은 양을 넣어 술을 빚거나, 누룩을 쌀의 절반 정도 넣어서 술을 빚는다.[36] 특별히 술에 붙여진 이름도 없고, 그냥 동동주나 막걸리의 형태로 빚는다고 한다. 가양주는 오래도록 숨겨야 할 대상이었으니, 익명성을 띠게 되고 평가받기 어려워 개선될 기회도 적었다.

그리고 술을 잘 빚는 집이 있다 하더라도, 그 술의 비법에 대해서 공개하지 않으려 한다. 그것은 지켜야 할 집안 비밀로 여기는 경우마저 있다. 장자에게 상속하는 곳간 열쇠처럼 소중한 가보로 여기는 것이다.

인류학자 메리 더글라스는 술에 대해 이렇게 말했다. "먹는 것과 더불어 마시는 것, 특히 '술'은 그것이 인간의 두뇌와 심리에 특별한 작용을 한다는 사실로 인하여 '특별한' 이용의 대상이 된다. 그것은 의례에서 초인간적인 성스러움과의 접촉을 상징할 뿐만 아니라 공동체 형성과 사회적 관계의 구성을 위한 수단과 과정이 된다. 술을 빚는 기술은 성스러운 지식이며 사회적 지위의 전수를 상징하는 것이므로 그것은 상속체계와 관계된다."[37]

지금도 문화재로 지정된 가양주는 상속체계 속에 들어 있다. 하지만 현대에 이르러서는 술 빚기의 기술은 더 이상 비밀스럽고 성스러운

---

36) 누룩의 성능을 역가 300sp로 보았을 때 쌀의 9%만 넣으면 발효가 된다.

37) Douglas, *Constructive Drinking*(Cambridge, 1987). 김광억, 「음식의 생산과 문화의 소비」에서 재인용.

일이 아니게 되었다. 대학에서 양조학을 가르치고, 양조장에서 양조기술연구소를 운영하고 있는 현실에서, 술은 신앙의 영역에서 과학의 영역으로 옮겨 와 있다. 집안의 귀한 술을 이어받기 위해서는 자녀들이 발효 양조학을 전공해야 하는 상황이 되었다.

이제와 가양주의 고유한 가치라고 한다면, 오래된 그곳에서 예전 방식대로 빚어지고 있다는 사실 그 자체일 것이다.

2) '종가 내림 가양주'의 가치와 활용

근대화 과정에서 양조업이 생기고 술이 상품이 되면서, 자급자족하는 형태의 가양주는 탄압 받고 사라져 갔다. 술이 대대로 전승되어 오던 생활 관습의 영역에서 배제되고, 국가로부터 철저히 통제받게 된 것이다. 그러다가 1995년에 집에서 술빚기가 허용되면서 가양주 문화에 대한 재해석과 종가술에 대한 관심이 일어나게 되었다.

19세기까지 술을 만드는 주체였던 궁궐, 사찰, 주막, 민가 중에서 유일하게 민가만이 전승 주체로서 남아 있다. 가양주에 대한 연구는 가양주를 통해서 전통 생활 문화를 잘 살필 수 있기 때문이다. 그런데 가양주 중에서도 종부의 술과 음식에 관심을 갖는 것은, 종부들이 종택에서 살며 제주를 올리고 손님맞이를 하면서 지켜왔던 관습들 속에 이 시대에까지 계승되어 오지 못한 전통문화가 미지의 세계로 남아 있을 것이라는 기대 때문이다.

술이 단순한 노동의 피로회복과 여흥의 음식이 아니라, 종교와 예절과 예술을 논하는 자리의 음식이었다는 데서 그 탐구 대상으로서의 가치가 있다고 볼 수 있다.

(1) 술과 예법

요즘 청소년들과 성인들의 음주문화가 '문제가 있다'고 말한다. 조선시대에는 음주문화를 이어 주는 향음주례라는 의례가 있었다. 관청과 마을의 어른들이 주도가 되어 청년들과 함께 술을 주고받으면서 고을의 규약과 예법을 논하는 자리였다. 현재 향음주례를 재현하는 작업을 진행하고 있지만,[38] 그 방식이 까다로워 옛법 그대로를 적용하기 어렵다. 향음주례처럼 까다롭지는 않지만, 각 집안에는 술을 대하는 예법이 있을 것이다. 종가의 문화 속에, 집안마다 가지고 있는 술에 대한 예법이 정리될 필요가 있다. 그 안에는 술을 어떻게 대했고, 언제 마셨고, 얼마나 마셨고, 어떻게 다스렸는지 등의 지혜가 담겨 있을 것이다.

(2) 술과 주안상

종택에 가면 안채의 처마 밑에 걸려 있는 외상들을 볼 수 있다. 우리에게는 함께했지만 따로인 외상문화가 있다. 외상은 제작한 지역에 따라 해주반, 통영반, 나주반, 안주반, 충주반 등으로 나뉜다. 외상문화 속에서 좋은 술 문화콘텐츠를 해석해 낼 수 있을 것이다.

그리고 그 상 위에 놓였던 안주, 즉 주안상에 대한 재구성이 필요

---

38) 성균관, 고양향교, 무성서원에서 향음주례 재현행사를 했다.

하다. 술이 상품화된 산업화 과정 속에서 술 만드는 사람은 음식을 생각하지 않고, 음식을 만드는 사람은 술을 생각하지 않게 되었다. 그러나 술과 안주는 어차피 한 상에 놓이는 운명이다. 가양주를 만드는 이들이라면 술과 어울리는 안주, 그 지역의 특산물을 활용한 안주, 그 지방 사람들이 으레 술과 함께 먹어야 한다고 믿었던 안주들에 대한 연구 노력도 기울여야 할 필요가 있다.

(3) 가양주의 스토리텔링

집에서 귀한 대접을 받은 자식이라야 바깥에서도 귀한 대접을 받는다. 특별한 가양주라면 그에 어울리는 술 이름이 있어야 한다. 그 이름을 새로 만들어야 한다면, 집안의 사연과 함께할 수 있는 이름이어야 한다. 이를 통해서 집안의 정신이 술과 함께 전달되는 것이 필요하다.

술의 품질은 노력에 따라 일정 정도까지 향상될 수 있다. 하지만 가양주에서 기대하는 것은 최고가는 명주가 아니라, 그 술을 만드는 이의 정성과 그 술에 담긴 선조들의 정신일 것이다. 내 아버지와 할아버지가 맛보았을 술을 그의 후손들이 맛볼 수 있다는 것은 특별한 의미를 지닌다. 그에 걸맞은 이름과 그 술을 낳은 내력을 지닌 술이라면 더욱 멋질 것이다.

(4) '종가 내림 가양주'와 사회적 기업

합천에서 고가송주를 빚는 송씨 집안의 종부는 음식솜씨가 좋아 한 교수로부터 식당업을 권유받았다. 그때 종부는 "집안 어른들께 물어봐야 합니다"라고 했다. 그때 교수는 "어른한테 배운 것을 어른 돌아가신 뒤에도 안 버리고 고대로 간직하고 솜씨 발휘하면 그게 효부孝婦라, 술이고 음식이고 고대로 하십시오, 효부가 따로 없습니다"라며 독려했고, 그 말에 힘입어 종부는 식당을 하게 되었다고 한다.

어떻게 종가의 문화를 전승해 갈 것인가? 자녀들의 수는 적고, 그 자녀들이 종택으로 들어와 살지 않는 상황에서 종가의 문화는 어떻게 유지될 것인가? 우리가 종가의 문화에 관심을 두는 또 하나의 이유다.

술은 기호식품이고 문화상품이다. 그 문화를 함께 실어 낼 때라야, 술은 높은 가치를 인정받을 수 있다. 종가의 음식과 술에는 그 문화가 실려 있다는 점에서 문화상품으로서의 매력을 지니고 있다. 종부들이 종가음식과 술을 소규모라도 상품화하는 방법으로, 지역사회의 노동력과 연대하여 사회적 기업의 형태로 운영하는 것도 대안의 하나가 될 것이다.

제 7 장

종가 문장,
정신과 품격의
창조적 선택

백 명 진
(서울대학교 디자인학부 교수)

1. 종가 정신문화의 시각화

지난 2010년부터 시작된 경상북도 종가의 문장 및 인장 디자인 사업은 문화재 관련 분야의 아이덴티티 디자인 역사상 처음으로 만들어진 대형 과제였다. 더구나 이것은 개별 종가의 요청에 의해 시작된 과업이 아니라 경북도청의 문화재 보존 사업의 일환으로 기획된 일이어서, 당시 관계기관과 많은 사람들의 주목을 받으면서 출범하였다. 조선왕조 500여 년 동안 종가별로 개별적 인장을 사용하기는 했지만, 당시의 사회 통념으로 볼 때 개별 가문의 위상을 사적으로 표현하는 문장을 만들어 사용한다는 개념은 없었거나 허용되지 않았을 것으로 짐작된다. 12세기경부터 유럽과 일본의 왕가와 봉건귀족들이 사용해 온 문장이나 인장은 왕조나 봉건귀족, 명문가의 위상을 상징적으로 드러내었고, 근세에 와서는 국가의 국기, 공공기관의 엠블럼, 교육기관의 교표, 종교단체의 심벌, 기업들의 로고나 브랜드 등으로 그 영역이 확장되었다.

한국의 무형문화재인 종가의 위상은 조선 이후로 지금까지 역사적으로 쉽지 않았던 시간을 통과하면서도 그 존재감을 유지시켜 왔다. 당대의 정신문화와 생활문화의 형식과 내용이 변화되면서 그 존재감의 부침은 있었으나 우리나라의 중요 문화재로서 그리고 우리 민족의 정신문화의 유산으로서, 그 가치는 종가와 종손들에 의해 잘 유지될 수 있었다. 이런 전통은 우리 종가들이 '화이부동和而不同'[1]의 정신을 기본 축으로 나라와 공동체 속에서 화합하고 봉사하되 품격이 다른 조직의 구성원들과는 함부로 섞임을 절제함으로써 곧고 올바른 선비정신을 잘 지켜 왔기 때문인 것으로 판단된다.

경상북도의 문장 및 인장 디자인 사업은 단순히 옛 문화의 유산을 이 시대적 관점으로 발굴한다는 목표로 출발한 것이 아니라, 그동안 쉽게 드러내 보일 수 없었던 종가의 정신적 유산을 상징적이고 함축적인 방식으로 시각매체화한다는 목적으로 시작되었다. 이 과업은 종가의 문장을 보기 좋게 만들어 낸다는 소극적 디자인 사업에서 벗어나 '역사디자인' 이자 '문화디자인' 사업이라는 보다 큰 관점에서 살펴볼 필요가 있다.

지금까지 일구어 낸 우리의 문화는 우리 사회가 만들어 낸 역사적 산물로서, 그 자체가 우리 삶의 방식이고 가치관의 모습이다. 또 문화는 오늘날 복잡한 산업분야와 융합되면서 다양한 부가가치의 원천이 되고 있다. 독일의 철학자들은 문명을 '형이하학적 물질문명' 으로 보았고, 문화는 '형이상학적 정신문명' 으로 보았다. 이런 시각은 문화를 단순히 '존재의 문제' 로만 생각하기보다는 '어떻게 존재하느냐' 의 문제로 생각했기 때문이다.[2] 우리의 선현들이 숭상했던 가치관은 당연히 '물질적 가치' 보다는 시간과 공간을 초월하는 '정신적 가치' 를 삶의 중심으로 삼았다.

한편 근현대에 와서 서구 선진국에서는 물질에만 의존하는 물질

---

1) 조성기, 『양반가문의 쓴 소리』(김영사), p.30 요약인용.
2) 『문화콘텐츠란 무엇인가』(살림지식총서 217), p.11 요약인용.

만능주의 풍조가 만연되어 그것이 점차 문화적 몰락으로 이어지게 된다는 우려를 낳기도 했지만, 대부분의 선진국들은 자신들의 전통과 역사를 통해 전해 내려온 문화적 자산을 그들이 이룩한 물질문명과 적당히 융합시켜 슬기롭게 활용함으로써 과다한 물질 추구로 인해 생겨 난 정신적 상실감을 조정할 수 있었다. 나아가 정신적 상실감이나 공허함을 다스리기 위한 문화적 유산을 새롭게 개발하고 가꾸어 가는 일이야말로 새 천년 시대의 풍요로운 문명 세계를 발전시키기 위한 필수적 조건임을 깨닫게 되었다. 그런 혁신은 고전적 경제요소를 기반으로 삼았던 과거의 산업체제와 달리 오늘날과 같은 사람과 문화가 핵심적인 역할을 하면서 변화를 주도하는 주역들에 의해서, 즉 '크리에이티브 인더스트리'(Creative Industry) 속의 '크리에이티브 클래스'(Creative Class)들의 진취적 발상과 실행력에 의해 미래지향적인 가치가 창출되고 있다.[3]

경상북도와 종가 역시 경북의 문화적 위상과 도내 종가의 위상을 새로 세우기 위해 '문장 및 인장 디자인 사업'을 추진함으로써 새로운 문화산업의 한 방향을 제시하였고, 이를 통해 미래사회의 '크리에이티브 인더스트리'가 요구하는 문화콘텐츠를 생산할 수 있는 터전을 마련하게 되었다. 이 과업은 그동안의 문화적 고정관념을 새롭게 설정할 수 있는 새로운 동력이 되어 '창조적 선택'으로 가치평가될 수 있기를 기대한다.

---

3) 『문화콘텐츠란 무엇인가』(살림지식총서 217), p.15 요약인용.

2. 종가의 상징 : 문장과 인장

조선 500여 년 동안 종가나 그 외의 개별적 가문을 대표하는 상징물 및 문장과 같은 형상물의 제작은 허용되지 않았기에 지금 시대에 와서 종가의 문장을 새롭게 제작하는 일은 상당히 새롭고 의아스러운 것으로 받아들여졌다. 하지만 최근에 부상한 '한류'와 같은 시대적 현상 속에서 종가의 고전적 이미지가 '한국성'과 '한국'을 대표할 수 있는 대표적 콘텐츠로 유용하게 활용될 수 있다는 인식이 생겨나게 되었다. 그런데 경상북도의 위상과 종가의 위상을 드러내기 위한 대표적 이미지와 스토리텔링과 같은 콘텐츠의 시각화 작업은 그동안 축적된 사례를 찾기 어려운 무형적 가치를 시각화하는 일이었기에 쉽게 풀기 어려운 과제들이었다. 특히 대한민국의 종가 전체가 아니고 경북 도내의 무형문화재로 지정된 종가들을 대상으로 하는 제한적인 과업이기 때문에, 경상북도의 종가와 관련된 문화적 아이덴티티를 종가별로 제작할 문장과 함께 표현하는 일이 연구진이 우선적으로 넘어야 할 난제였다.

결과적으로 경상북도의 아이덴티티를 위한 시각적 요소는 여러 가지 가능성 중에서 '종가의 열린 대문'의 모습을 단순 명료하게 표현함으로써 종가의 문화와 그에 수반되는 혜택이 우리 사회 구성원 모두에게 열린 것이라는 개념을 시각화하였고, 종가별 위상을 위한 시각 요소들은 그동안 종가별로 간직해 왔던 유무형적 자산들을 현대적 관점으로 정리하고 시각화하였다.

종가의 문장 디자인은 단순히 종가의 이름을 위한 휘호나 문패를 보기 좋게 만드는 일이 아니다. 종가의 위상과 품격을 더 높이는 일이 며, 더 나아가 종가 간에 서로의 아이덴티티를 차별화하기 위해 새롭게 디자인하는 일이다. 그동안 무형문화재로서 다루어졌던 종가와 관련된 사안들로, '디자인'이라는 용어와 개념은 다소 생소하다. 심지어 디자인을 연구과제로 수행하고 있는 연구진에게도 이 과제의 연구범위와 제작방법 등이 명쾌하게 정리되기까지는 약간의 시간이 소요되었다. 하지만 지방정부인 경상북도가 비상업적 목적으로 주도하여 시작한 개별종가의 '아이덴티티 디자인'(Identity Design)을 개발하는 과업은 세계적으로 사례를 찾기 어려운 디자인 과제임은 분명하다.

이를 위해 디자인의 제작방향은 조선시대 대문장가인 이덕무 선생의 말씀에서 차용한 "온아溫雅(elegance), 교결皎潔(simple), 정민精敏(clear), 관박寬博(generosity)"의 네 가지 개념을 디자인의 제작방향으로 삼아서 경북 종가의 정신적 유산의 특성과 융합하였고, 그 후 종가별로 제시된 유무형적 콘텐츠를 다음과 같은 디자인 원칙으로 처리하였다.[4]

1. 국가 지정 문화재로서의 '브랜드가치/Brand value'를 높이고,
2. 21세기의 콘텐츠로서 모자람이 없는 '내용 구조/Storytelling' 를 담아내며,
3. 유한적 가치보다는 무한한 시공간 위에서 공유될 수 있는 '미

---

4) 『양반가문의 쓴소리』(김영사), p.226 요약인용.

래지향성/Future oriented' 을 확보하고,

4. 서로의 개성이 존중됨으로써 공동체 속에서 더욱 빛날 수 있는
   '고유함/Authenticity' 으로

5. 현재에 충실히 화합할 수 있는 디자인적 '시대정신/Zeitgeist'
   을 찾아낸다.

근현대에 접어들면서 전통사회와의 연결고리가 끊어졌던 우리와 달리, 지금 세계의 흐름을 주도하고 있는 서구 선진국에서는 공공기관이나 기업들 중 1~2백 년 이상의 전통적 위상을 갖춘 단체를 어렵지 않게 만날 수 있다.

그들과 대조적으로 우리나라는 일제 통치 36년과 동족상잔의 한국전쟁을 겪어 오면서 많은 것을 상실하게 된다. 그러나 그런 절박하고 어려운 상황 속에서도 우리의 옛 전통과 문화적 유산을 지켜 온 지식인들과 선비가문들의 소리 없는 노력으로 다행히 우리의 소중한 문화유산 모두를 잃지 않았는지도 모른다.

새 천년 21세기의 한국은 선진국 진입을 위한 문턱에 도착해 있고 창조적 가치를 바탕으로 하는 새로운 패러다임을 전제로 국가적 공감대를 모으고 있다. 지금 시점에서 우리가 처했던 여건과는 상이하였지만 옛 정신문화와 그 유산을 잘 지켜 온 문화강국의 문장 관련 사례들을 살펴보는 일은 경북문화유산의 디자인 창조 작업을 위한 첫 과정이었다.

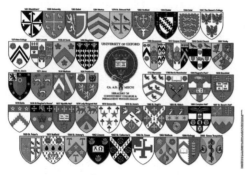

영국 옥스퍼드 대학교에 소속된 독립대학들의 문장들

영국 케임브리지 대학교에 소속된
독립대학들의 문장들

라틴어 진리(veritas)를 활용한 미국 하버드 대학교의 교표

파란색과 흰색이 체크 형태로 교
차되는 무늬를 쓰고 있는 바이에
른 주의 깃발에서 영감을 받아 제
작한 BMW 자동차 회사의 로고

독일 슈투트가르트 지방의 문장
과 뷔르템베르크 왕국의 문장을
인용해 만든 포르쉐 자동차 회사
의 로고

15세기 밀란의 문장과 비스콘티
가문의 문장을 조합하여 만든 이
탈리아 Alfa Romeo 자동차 회사
의 로고

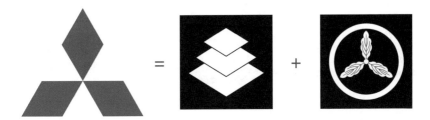

일본 이와사키(岩崎, 구 미쓰비시 재단 창업 가문) 가문 '三階菱'과 야마우치(山内, 토사반주 가문[土佐藩主家]) 가문 '三つ柏'을 합한 미쓰비시 그룹 로고

오동나무 문장의 오동나무는 봉황이 머무는 나무로서, 고대 중국에서 신성시되었던 오동나무를 이용한 일본 정부의 오동나무 문장

3. 경북 종가 인장 문장 디자인 사업

1) 종가 엠블럼 개발

각 종가의 다양한 문장을 하나로 아우르는 경상북도 종가 틀 (frame)인 엠블럼은 각 종택명의 서체(typeface), 문장과 종택명, 경상북도 틀의 조합방식(signature)을 규칙적으로 적용할 수 있도록 함으로써 차후의 추가적인 종가 문장, 인장 개발 시에도 일관된 시각적 아이덴

경북 종가 엠블럼 5가지 시안

티티를 가질 수 있도록 하였다.

종가는 조선시대를 거쳐 길게는 오백년을 넘게 이어져 왔으나 현대에 와서는 여러 가지 현실적인 어려움으로 인해 종가 개인의 노력만으로는 종가의 문화적 유산 전체를 유지 관리하기가 쉽지 않은 실정이다. 종가에 대한 이해를 높이고 더 많은 사람들이 종가를 찾을 수 있도록 하며 결과적으로 종가의 정신과 문화유산을 계속해서 이어 가는 구체적인 시스템을 마련하는 기반이 될 수 있도록 한다는 프로젝트의 기본 취지를 살려, '종가의 대문을 활짝 열어 새 시대를 연다' 는 의미를 갖도록 개발하였다.

최종 선택된 열린대문형 경상북도 종가의 엠블럼

2) 문장, 인장 디자인

2009년 12월 28일부터 2010년 7월 28일까지 12개 경상북도 종가의 문화와 사상에 걸맞은 가치를 시각화하는 경북 종가 문장, 인장 제작을 위한 기초 조사 사업이 시작되었고, 그 결과 아래와 같은 12종가의 문장과 인장을 1차로 개발하였다.

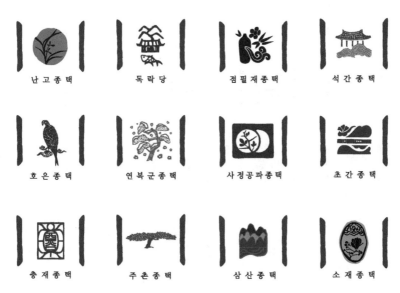

1차 2010년 12종가 문장 디자인

기초 작업 2010년 12종가 인장 디자인

2010년 12월 30일부터 2011년 10월 25일까지 진행된 2011 2차 경북 종가 문장, 인장 디자인 개발에서 40종가의 문장과 인장을 개발하였고, 기타 상징적 요소에 대한 디자인 적용 연구가 진행되었다.

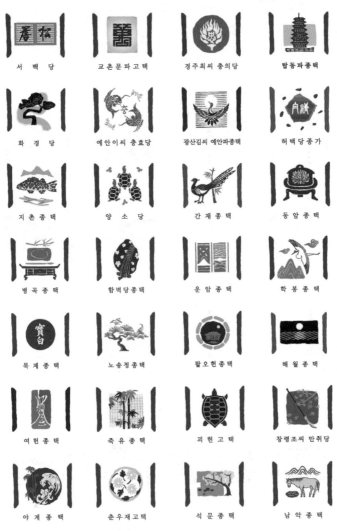

서 백 당 　교 촌 문 파 고 택 　경 주 최 씨 충 의 당 　탑 동 파 종 택

화 경 당 　예 안 이 씨 충 효 당 　광 산 김 씨 예 안 파 종 택 　허 백 당 종 가

지 촌 종 택 　양 소 당 　간 재 종 택 　동 암 종 택

병 곡 종 택 　함 벽 당 종 택 　운 암 종 택 　학 봉 종 택

묵 계 종 택 　노 송 정 종 택 　팔 오 헌 종 택 　해 월 종 택

여 헌 종 택 　죽 유 종 택 　괴 헌 고 택 　창 령 조 씨 만 취 당

야 계 종 택 　춘 우 재 고 택 　석 문 종 택 　남 악 종 택

2차 2011년 40종가 문장 디자인

서백당 | 교촌문파 | 충의당 | 탑동파 | 화경당 | 충효당 | 후조당 | 허백당 | 지촌 | 안동세가

간재 | 동암 | 병곡 | 함벽당 | 운암 | 학봉 | 묵계 | 노송정 | 팔오헌 | 해월

여헌 | 죽유 | 괴헌 | 만취당 | 지사공 | 산수헌 | 월간 | 창석 | 오류정 | 난포

장열공 | 경수당 | 갈암 | 완정 | 사우당 | 북비 | 백세각 | 춘우재 | 석문 | 남악

2차 2011년 40종가 인장 디자인

2013년 4월 15일부터 2014년 1월 22일까지 30종가를 대상으로
2013 3차 경북 종가 문장, 인장 디자인 개발이 진행되었다.

대산종택 | 북애공종택 | 용와종택 | 호고와종택

지산고택 | 풍양조씨상주양진당 | 오작당 | 수암종택

임청각 | 운천종택 | 귀래정 | 학암고택

탁청정종택 | 전주류씨 무실종택 | 이우당종택 | 삼소재

3차 2013년 30종가 문장 디자인

유일재종택　제산종택　동야고택　성성재종택

오봉종택　평산신씨판사공파종택　사월종택　월잠종택

영양남씨 신암공파 종택　석계종택　눌곡종택　우계종택

의성김씨 문정공파 종택　쌍벽당

3차 2013년 30종가 문장 디자인

임청각　학암　귀래정　운천　탁청정　무실　이우당　삼소재　유일재　제산

동야　성성재　대산　북애공　용와　호고와　지산　상주 양진당　오작당　수암

오봉　판사공　사월　월잠　신암공　석계　눌곡　우계　문정공　쌍벽당

3차 2013년 30종가 인장 디자인

198

2013년 11월 8일 안동 문화예술의 전당에서 열린 2013 종가 포럼 전시에 종가명품화사업의 일환으로 82개 종가에서 총 17개의 소재를 선정, 모두 13종류의 디자인 적용안을 개발하여 전시하였다.

2014 종가 포럼에 전시되어 있는 82종가의 문장을 새긴 깃발

석계종택의 감향주를 담는 도자 용기 디자인

문장을 활용하여 디자인 한 여헌종택, 죽유종택, 연복군종택의 장서인

갈암종택의 7첩 반상기

춘우재고택의 천향국주 디자인

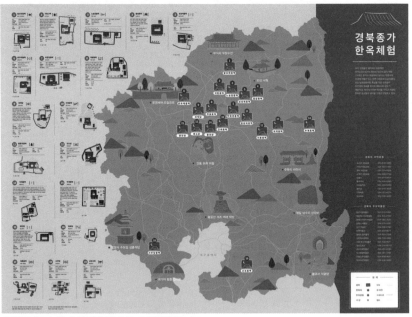

명품화사업과 함께 진행된 경북 종가 한옥체험 지도

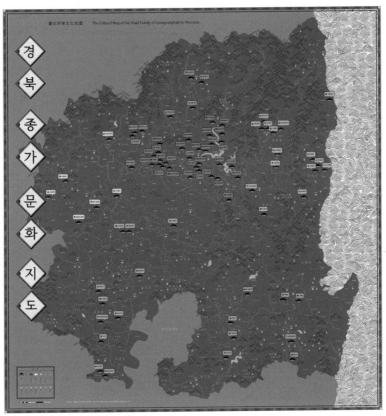

경북 종가 문화 지도/고전적 표현 기법

경북 종가 문화 지도/평면적 표현 기법

4. 가치 창조적 상징으로서의 종가 문장

개인이든 집단이든 그 위상(아이덴티티, Identity)은 일단 이름과 명
칭으로 인식되고 구분된다. 개인의 이름과 기관의 명칭은 개인 간과

집단 간을 구분하고 연결하기 위한 커뮤니케이션 기능이 최우선이다. 그 과정에서 개인과 기관의 이름과 명칭 속에는 아이덴티티와 이미지가 동시에 전해진다. 그 아이덴티티와 이미지는 실제와 격차가 있는 허구적인 것이거나 혹은 실체보다 과소평가되기도 하기 때문에 위상은 상대적으로 비현실적이거나 낭만적인 것으로 설정될 수도 있다. 경상북도의 종가의 위상과 이미지가 지난 5년간 진행되었던 경상북도와 종가의 문장 및 인장 디자인 사업을 통해 과연 어떤 위상을 새롭게 만들 수 있었는지를 측정하는 것은 아직 때 이른 감이 있다.

다만 종가의 공동체와 당사자들이 선택한 '종가문장' 이라는 새로운 형식과 외적 체계가 지금까지 쌓아 온 위상 위에 보태짐으로써 보다 창조적이며 미래지향적인 것으로 변환시킬 수 있을 것으로 기대된다.

종가의 종손을 비롯한 구성원들은 세월이 흘러감에 따라 변하더라도 종가의 정신적 유산은 무한한 것으로 남게 된다. 종가에 속한 종택을 비롯한 유형문화재들은 무한한 것으로 보기 어렵더라도 종가가 이 시점에 선택하게 될 문장과 인장을 비롯한 외적 체계는 이론적으로는 물리적 시간의 한계를 초월할 수 있을 것으로 전망된다. 특히 창조적 선택과정의 결과인 경상북도 종가의 문장과 인장은 종가와 구성원들의 정신적 문화적 요소들을 담는 새 그릇으로서, 그것은 한국의 유산, 더 나아가 세계의 유산이 될 수 있는 새 시대의 표상이 될 것으로 기대한다.

지난 2009년부터 2013년까지 진행된 문장과 인장을 개발하기 위해 적용된 디자인의 원칙은 다음과 같다.

아이덴티티를 위한 콘텐츠(Contents Identity) : 경북 종가의 무형적 브랜드 가치를 경제적 관점에서 향상시킬 수 있는 디자인 요소와 항목을 개발한다.

현대적 콘텐츠(Contents Modernity) : 경북 종가들이 그동안 지켜 온 역사적 문화적 콘텐츠를 그것의 출발점인 고전적 가치를 바탕으로 삼고 그 위에 현대적 조형성이 넘치는 형상으로 디자인한다.

고전적 콘텐츠(Contents Classicality) : 종가 문장 디자인의 현대성과 고전성 사이에서 그것의 균형점을 찾기 위한 조형적 고심이 많았지만 '온고이지신溫故而知新'의 원칙을 디자인철학으로 삼게 되었다.

유연성을 위한 콘텐츠(Contents Flexibility) : 경북 종가들의 상징체계로부터 전달되는 내용은 고전적 소재를 바탕으로 하는 한국성의 과다한 적용을 지양함으로써 '통시대적' 유연성을 강조한다.

고유성을 위한 콘텐츠(Contents Authenticity) : 경북 종가들의 문장 디자인의 조형적 특성은 우선 종가들 간의 고유성을 부각시킴으로써 종가별 차별성을 확보하고 나아가 우리 문화유산의 전체적 외적 체계 안에서도 확연히 구분될 수 있는 고유성(Authenticity)을 강조한다.

과학 분야가 '가치중립적 태도' 에 있고 철학 분야가 '가치평가적 태도' 에 있다면, 문장 디자인에 참여한 디자인은 '가치창조적 태도' 라고 할 수 있겠다. 이런 디자인의 태도는 과거를 위함도 아니고 현재를 위함도 아니며 오직 '미래를 위한 새로운 가치의 창조' 를 목표로 하고 있다.

경북 종가는 지난 5년간 종가의 새로운 위상을 형성하기 위해 '창조적 선택' 을 하였다. 또한 보편적 가치를 숭상하면서 가문별로 지켜온 종가의 독특한 정신을 찾아내고, 지나온 역사의 격랑 속에서도 개인의 이익보다는 지도층으로서의 국가의 품격을 먼저 생각해 왔던 선조들의 '노블레스 오블리주' (Noblesse Oblige)의 신념을 지켜 왔다.

그러한 노블레스 정신은, 개인과 소속집단만을 앞세우기 위한 선량의 정신이 아니라 함께 나누려 하는 '공유의 정신' 이 우선되어야 한다는 것이 지금의 시대정신이다.

새 천년의 시간 속에서 먼 후손들에게 자랑스럽게 물려줄 유산을 이웃과 함께 찾아내어 가꾸고 꽃피워 가는 일이야 말로 공유의 정신을 바탕으로 하는 종가의 '창조적 선택' 이 될 것이다.

❋ 한국인이 모르는 한국문화의 아름다움

베르너 사세(한양대학교 문화인류학과 석좌교수)

오늘의 한국문화에 대해서 언급하는 사람이라면 누구라도 모름지기 오늘을 살고 있는 한국 사람들이 처한 독특한 상황으로부터 논의를 시작해야 할 것이다. 모든 문화는 끊임없이 변화하지만, 그 어떤 문화도 최근의 한국문화만큼 급속한 변화를 보이거나 보여 온 것은 없었다.

예를 들면, 한국의 나이 많은 세대의 문화와 청년세대의 문화는 너무나도 이질적이어서(거리가 너무 멀어서) 서로 갈등관계에 있다고 규정할 수 있다. 나이가 많은 세대는 찢어지게 가난하고, 국제적인 경험이 거의 없으며, 매우 전통적인 생산양식을 가진 농촌의 농업사회에서 교육을 받았다. 반면, 청년세대는 도시의 산업사회에서 자라고 있는데, 그들은 해외여행이나 한국에 사는 외국인들과의 만남을 통해서, 그리고 기술이 지배하는 풍족한 현대 세계에서 공부하거나 일을 함으로써 국제경험을 얻는다.

힘든 노동과 고투(struggle)의 삶을 살았던 나이 많은 세대가 가져온 이런 변화는 불과 한 세대도 지나지 않아 달성된 것이었다. 자연히 이 고투와 전환의 시기 동안 대다수 한국 사람들은 의자에 편안히 앉아서 전통적인 가치는 물론 경제·사회 변화에 따라 이것들을 어떻게 변화시킬 것인가에 대해 심각하게 성찰할 충분한 시간이 없었다.

그런데 전통적인 한국문화의 쇠퇴는 "한강의 기적"이 시작된 한국전쟁 이후의 시기보다 역사적으로 훨씬 더 연원이 깊다. 이미 19세기에 지배계급의 다수는 그들이 지배하고 있는 백성들에 대한 리더십(leadership)을 보장하기

위해서 반드시 필요한 창조성(creativity)을 잃어버렸다. 하지만 이것은 현상유
지(a status quo)에 대한 집착으로 나타나 대다수 백성들을 빈곤으로 몰고 가 버
렸다. 달리 말해서, 사회발전의 정체가 그 당시에 이미 "전통적인 가치들"을
불신하도록 만들었던 것이다. 또 다른 심각한 (전통가치의) 학살은 일본의 점
령과 함께 찾아왔다. 왜냐하면 식민주의자들은 이질적인 가치들을 옹호하고,
한국 전통문화의 많은 요소들을 억압했기 때문이다. 이것의 정점에서 한국전
쟁은 고향을 떠나 친숙하지 않은 환경의 상처에서 출발한 수백만의 난민과 함
께 거대한 사회이동성(mobility)을 야기했다. 뒤이어 미국 주도의 군정과 사
회·정치적, 물질적 문화상의 강요된 변화가 이루어졌다. 이런 식으로 볼 때
"한국의 전통"(Korean tradition)은 근 150년간 대혼란 속에 있었다.

오늘날 대다수의 한국인들은 주말이나 노동시간(이러한 노동시간은 20세
기 후반부의 짧은 전환기의 그것보다도 훨씬 더 짧다) 이후에 여가시간을 즐길 만
큼 충분히 부유하다. 그리고 많은 수의 사람들이 이 시간을 드라마를 본다든
지, 스포츠 활동을 한다든지, 노래방을 가거나 게임을 하는 등의 오락에 사용
하지만, 다른 많은 사람들은 보다 더 문화적으로 지향되어 전통문화를 찾는
데 관심을 갖는다. 그들은 전통예술이나 공예를 하나의 취미로 배운다. 그렇
다! 전통을 "재창조"한다. 민속춤, 북치기, 가야금 혹은 다른 전통악기, 다도茶
道를 행하거나 전통요리 강습과정을 이수하는 등과 같이 지금 인기를 얻고 있
는 이 모든 활동들은 적극적으로 "전통"을 재창조하고 재해석하고 있다. 또한

오늘날 그 어떤 축제도 탈춤, 판소리의 짧은 대목, 민속춤, 혹은 사물놀이 없이는 개최되지 않는다. 정부 당국이 아직도 여전히 한옥지구 전체를 부수고 있는 와중에도 다른 한편으로는 한옥을 짓거나(지을 돈이 있는 사람의 경우), 황토벽과 전통적인 마을 분위기를 보존하는 것에 자부심을 가지고 있는 한옥 마을이나 "슬로우 시티" 같은 관광지를 방문하는 데 관심이 커져가고 있다.

그러나 한국 전통문화에 관하여 다시 새로워진 이런 관심은 종종 너무 피상적이어서 전통문화의 표면만을 건드릴 뿐이다. 예를 들면, 많은 수의 민속춤과 민속음악은 한때는 의례상의 중요성(ritual significance)을 가졌었지만, 오늘날 우리에게 그것들은 그 이상의 의미가 없는 여흥에 불과하다. 이것은 다도의식에도 똑같이 적용된다. 우리는 이제 더 이상 그 고유의 기능에 관심을 갖지 않는다. 즉 우리의 관심은 화려하고 신기한 겉모습에 있을 뿐이다.

이것이 바로 내가 여러분께 말씀드리고 싶은 핵심에 다가가는 포인트이다. 나는 우리가 전통문화 속에 숨겨진 의미를 찾기 시작해야 한다고, 겉모습만을 되살리는 것이 아니라 그 요소들의 기본 원리를 되살리기 위해서 노력해야 한다고 강력히 주장하고 싶다. 전통문화의 요소들을 볼 때 우리는 그 외관이 아니라 오히려 전통문화 속에서의 그것들의 기능에 더 많은 관심을 두어야 한다. 우리가 단지 표층구조(surface structures)만을, 즉 춤의 화려한 의상과 생동감 넘치는 동작, 또는 한옥의 아름다운 자태 등과 같은 것만을 복원하는 한, 우리는 이제 더 이상 살아 있는 문화요소들이 아닌, 박물관류(museum-like)의 보존만을 만들어 내고 있을 뿐이다.

우리가 찾아야 할 것은 전통문화 표면 뒤에 있는 기본 원리들과 기능들이다. 이 숨어 있는 가치들을 재인식하는 것만이 우리가 전통과 실질적으로 연결되는 길이다.

하나의 전통은 그것이 변화하지 못할 때 죽은 것이 된다. 사회변화, 정치변화, 경제변화 그리고 기술발전상의 변화들과 더불어서 변화하는 전통들만이 살아 있는 전통들이다. 기본 원리들은 지켜져야겠지만, 표면(겉모습)은 항상 변화해야만 한다.

자 그러면 이제 우리가 잊고 있는 한국문화의 아름다움의 몇 가지 사례들을 찾아보도록 하자.

교육을 예로 들어 보자. 오늘날의 학교들은 전 세계의 최상의 학교들에 필적하는 수준의 현대교육을 낳았고, 대학으로 이끄는 고등교육에 대한 강력한 집중과 더불어, 높은 수준의 문자 해독률이 "한강의 기적"의 배후에 있는 하나의 중요한 요소라는 데 우리는 모두 동의할 수 있다. 다른 한편으로 그 결과 자녀들을 학원에 보내야만 되기 때문에 발생하는 가계예산의 엄청난 경제적 부담에 대한 점점 커지는 실망감이 존재한다. 그리고 이 엄혹한 경쟁에서의 실패에 기인하여 높은 수준의 자살(학생들과 학부모들의)이 생긴다.

그러나 보다 더 중요한 것은 우리 학생들이 일생동안 수많은 시험에 합격하기 위해서 배운 사실들을 진정으로 이해하지도 그리고 기억하지도 못하는 것처럼 보인다는 점이다. 학생들은 사실들(facts)을 배우고, 시험에 합격한다. 그리고 나면 시험에 합격하기 위해서 배운 것들의 대부분은 다음 번 시험에 필요한 다른 사실들을 채울 공간을 만들기 위해서 다시 잊힌다. 그들에게는 그들이 무엇을 배웠는지, 그들이 배운 것이 그들이 알고 있는 다른 것들과 어떻게 관계를 맺고 있으며, 그것은 그들 자신에게 어떠한 의미가 될 수 있을지 생각할 시간이 없다.

전통문화에도 물론 시험이 있었다. 하지만 사실들을 아는 것과 시험에 합격하는 것은 덜 중요한 대상이었다. 보다 더 중요한 것은 "하나의 가치 그 자체로서의 배움", "마음을 정화하기 위한 수단으로서의 배움", "도덕적으로 정신적으로 자아(the self)를 계발하기 위한 배움"이었다. 그 목표는 지적(intellectual)일 뿐만이 아니라 정서적(emotional)이고 정신적인(spiritual) 교육이었다. 이 포커스(focus)에 근거해서 우리는 전통적인 한국문화의 잊힌 요소들 가운데 하나를, 그리고 오늘의 한국문화에 반드시 다시 가져와야 할 하나의 전통을 볼 수가 있다. 우리는 반드시 "하나의 가치 그 자체로서의 배움"으로 다시 돌아가야 한다.

생각하는 보다 더 많은 시간, 사실들에 대해서 골똘히 사색하는 시간은 우리 학생들이 필요로 하는 것이다. 그러나 어른들 역시 시간이 없는 것처럼 보인다. 생활이 빡빡(hectic)해져 버렸다. 어느 날 나는 신문에서 아침에 집을 떠나서 지하철을 타고 직장으로 가서 일을 하고, 일을 마치면 다시 지하철을 타고 집으로 귀가하기 때문에 너무 피곤해서 집에서는 의미 있는 그 어떤 일도 하지 못하는 사람들을 의미하는 "지하철 개미"(subway ants)에 관한 기사를 읽었다. 우리는 느긋해지는 법을 배워야만 할 것이며, "인생이란 무엇일까" 혹은 "우리는 왜 살지?'에 대해서 생각할 충분한 여가가 있는 보다 더 인간적인 삶을 이끌어 가는 것을 배워야 할 것이다. 오늘날 "시간은 돈이다"라는 말과 모욕적인 언사로 쓰이곤 하는 "시간 없습니다"라는 말이 지금은 평범한 발언이다. 실제로 서로 다른 시간개념 속에서, 1960년대에 내가 한국에 살 당시 배웠던 것이지만 그 이후로 쭉 잊혀 왔던 전통적인 한국문화의 한 요소를 소개한다. 그 당시 "작별인사"를 할 때 아름다운 인사 가운데 하나가 오늘에는 우습게 들릴지도 모를 "슬슬 가십시오"라는 인사였다. 우리는 다시 그것이 의미를 가질 수 있도록 배워야 한다.

내가 제시하고 싶은 또 하나의 예는 전통 건축이다. 나는 현재 4년간 전통 '한옥'에서 사는 행운을 누리고 있다. 이 집은 실제로는 담양군 창평면 삼천리 "슬로우 시티"의 아랫부분에 소재한 양반 구역의 세 마당 중 가운데 마당 주위의 좀 더 작은 두 채의 집과 한 채의 큰 집이다. 물론 나는 방 하나를 현대식 부엌으로 개조했고 하나의 현대식 욕실과 화장실을 추가했다. 그리고 나는 또 '온돌'을 석유버너로 난방하는 시스템으로 바꿨다. 하지만 이 같은 내부의 소소한 변경들을 제외하고는 이 집들은 약 100년 동안 변한 것이 없다. 삼천리는 한국에 있는 5개의 "슬로우 시티" 가운데 하나이기 때문에 많은 관광객들이 이곳을 찾아오고, 나는 그들과 많은 대화를 나누었다. 그들 모두는 언제나 지붕과 돌과 나무, 진흙과 한지로 만들어진 우아한 이 건축물의 아름다움에 경탄한다. 그들이 알지 못하는 것은 '한옥'의 가장 중요한 원리 즉 공기의 흐름(the air flow)이다. 본채는 남쪽을 향하고 태양에 의해서 덥혀진다. 뒤안은 북쪽을 향하고 지붕은 그늘을 제공한다. 모든 방은 문을 접어 지붕 아래에 걸어 놓음으로써 정면으로 완전히 개방될 수 있다. 뒤쪽에도 역시 열 수 있는 문들이 있다. 햇볕이 쪼이는 남쪽 면과 그늘진 북쪽 면 사이에는 미세한 온도의 차가 존재하며, 이것은 거의 느낄 수 없지만 일정하게 계속 부는 미풍(산들바람)의 이유가 된다. 한여름의 폭염 속에서조차 사람들이 에어컨디셔너가 없어도 쾌적함을 느끼는 것은 바로 이 공기흐름 때문이다. '한옥'의 기본 원리는 이 공기흐름이다. 현대의 그 어떤 아파트도 이 전통 건축의 기본 원리를 적용해서 짓지 않았다. 이 아파트는 어떤 방향으로도 서 있을 수 있으며 창문은 대부분 너무 작다. 거기에 공기흐름이 있다면 그것은 외풍(draft)이지 경미한 공기흐름이 아니다. 그러므로 우리는 건강에 좋지 않고 에너지도 소비하는 에어컨디셔너를 필요로 하게 된다. 건축의 경우 공기흐름이 다시 우리가 잊고 있던 한국 전통문화의 기본 원리가 된다. 현대의 건축가들은 또 다시 생각해 보고 배울 거리가 생겼다.

위에서 언급했듯이 우리는 전통문화를 재해석해야지 그것을 카피해서는 안 된다. 그리고 이 재해석은 다시 고유의 기본 원리와 기능을 찾는 데 입각해야 한다. 일단 우리가 그 원리들을 이해하면 우리는 그 겉(surface)을 변화시켜 우리 시대에 적합하게 만들 수 있다.

나의 마지막 예는 유교로부터 온다. 가령 오륜은 위계적인 존재로 해석되어 왔다. 보통의 해석은 "아들은 아버지를 섬겨야 한다. 신하들은 국왕을 섬겨야 한다. 아내는 남편을 섬겨야 한다. 등등"이다. 그러나 맹자가 진정 의미했던 바는 위계적인 관계들(hierarchial relationships)이 아닌 상호적(mutual)인 관계들이었다. 즉 "아들과 아버지는 서로 친해야 한다. 군주와 신하는 서로 충성스러워야 한다. 아내와 남편은 선천적으로 다르다.(상호 보완적이다.) 등등"이다.

우리가 우리의 사회철학을 맹자가 정상적인 관계라고 말한 논평 위에 근거하게 한다면 우리는 전통문화의 또 다른 요소를 갖게 되고, 그것은 우리가 사는 민주시대에서도 적합한 사회적인 행위를 찾는 데 당연히 도움이 될 것이다.

요약하면 나는, 우리는 전통문화의 표면적 요소들에 정신을 빼앗기지 말아야 하며(disregard), 잊고 있던 기본 원리들을 찾아야 한다고 재차 강조하고 싶다. 한국문화의 아름다움은 이국적이고 화려한 겉(surfaces)에 존재하지 않고 그 기본 원리들에 존재한다. 우리가 잊고 있던 이 원리들을 찾아낸다면 우리는 전통문화와 다시 연결할 수 있다. 그때는 그 새로운 겉이 다르게 보일 것이지만 그 핵심(고갱이)은 동일할 것이다. 한국의 전통문화는 새 옷을 입겠지만, 그저 지금처럼 아름다울 것이다.

사진으로 보는
종손의 삶

종손은...

종宗의 어원은 제물을 차려 놓은 가옥 즉 사당을 뜻하므로, 종가宗家란 혈통의 뿌리를 모셔둔 사당을 구비하고 있는 집을 가리킨다. 그리고 종손宗孫은 이 종가의 대를 잇는 적장자를 말한다.

중국 주周나라 때 유교적 친족원리의 근간이 되는 종법宗法이 만들어졌다. 종법은 적장자에서 적장자로 이어지는 종자법宗子法을 말한다. 관련 내용이 유교경전인 『의례儀禮』와 『예기禮記』에 전해지다가, 송宋나라 때 주자朱子가 종법을 기반으로 사당과 관혼상제 등의 내용을 『가례家禮』에 규정하면서 종자宗子가 집안의 제사 등 모든 조상 의례를 주관하게 되었다.

우리나라는 고려 말에 『주자가례』를 수용하면서 종법에 대한 인식이 형성·발달하기 시작했으며, 이로써 종자宗子와 지자支子의 구분이 엄격해졌다. 이후 조선 중·후기부터 가묘家廟 건립이 보편화되고 제사의 윤행輪行도 점차 폐지됨에 따라 적장자 중심의 가계家系 계승 의식이 널리 확산되었다. 이 시기를 전후하여 종가라는 개념도 정립되었다.

진성이씨 노송정종가 | 사진 이동춘

종가는 한 문중의 시조 또는 파조로부터 적장자로 내려온 집을 말한다. 그 적장자가 바로 종손이다. 이처럼 종손은 혈통의 뿌리를 계승하고 있으므로 지손들의 무한한 존중을 받았으며, 문중의 대표 자격으로 모든 조상제사의 초헌관이 되었다. 그래서 문중은 종가의 혈통을 지속시키기 위해 후사後嗣를 두지 못했을 때는 양자를 물색하기도 했다. 이를 보종補宗이라고 한다.

종손은 존중받는 지위만큼 무거운 책무를 안고 가는 숙명적 삶을 살아야 했다. '봉제사접빈객'은 종손의 대표적 책무이다. 정성을 다해 조상을 섬기고, 나눔의 자세로 손님을 맞이하고, 넉넉한 품성으로 지손을 보듬는 종손의 삶은 그야말로 책임과 포용 그 자체였다. 이것이야말로 종손의 삶이 각별하게 다가오는 이유다.

종손으로 자라다

종가의 맏아들로 태어났지만 그것이 끝은 아니다. 그들은 켜켜이 쌓인 가풍 속에서 자신도 모르는 사이 종손의 옷을 한 겹 한 겹 입으며 자라난다. 할아버지가 또는 아버지가 집안의 의례들을 주관하며 문중을 이끌어 가는 것을 그저 보고 배우는 것이다. 그렇게 해서 몸과 마음에 배인 것들은 훗날 자신이 종손의 역할과 마주했을 때 밑거름이 되어 자연스럽게 힘을 발휘하게 된다.

가훈첩家訓帖 29.0×8.7㎝ | 풍산류씨 하회마을 화경당
동기창董其昌의 글씨를 탁본한 가훈첩으로, 가문의 성쇠는 자식 교육에 달려 있다고 하여 훈육의 중요성을 강조하였다.

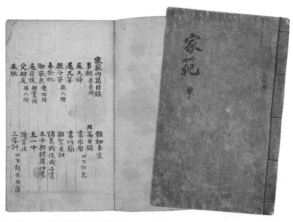

가범家範 29.0×18.7cm | 한산이씨 대산종가
이상정의 일상 언행 및 서한 중에서 가정에서 지켜야 할 규범들을 항목별로 자세히 기록해 놓은 필사본이다.

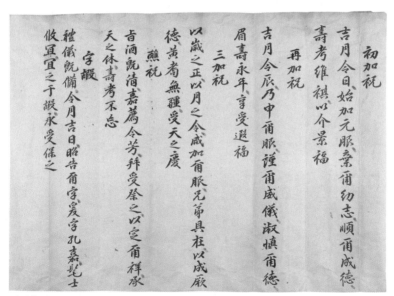

관례홀기冠禮笏記 53×37.6cm | 풍산류씨 하회마을 화경당
관례의 절차를 적은 홀기. 관례는 사당에 아뢰고 빈賓을 정해서 부탁한 후, 시가례始加禮－재가례 再加禮－삼가례三加禮－초려醮禮－자관자례字冠者禮의 순으로 행한다.

선조유묵先祖遺墨 45.2×29.2cm | 진성이씨 퇴계종가
퇴계退溪 이황李滉(1501~1570)의 친필 편지를 모은 서첩으로, 아들에게 편지를 보내면서 종가를 도우라는 당부와 함께 봉제사의 중요성을 강조하기도 하였다.

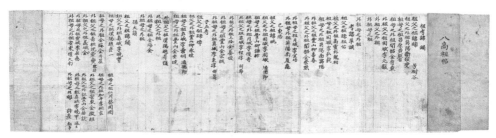

팔고조첩八高祖牒 20.5×11cm | 안동권씨 남천문고
남천南川 권숙璐(1832~1901)의 팔고조를 수록해 둔 가첩이다.

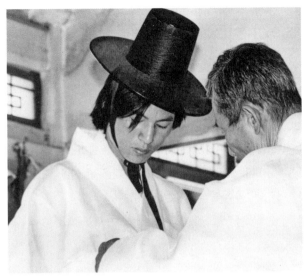

관례冠禮 영천이씨 농암종가 | 1981년

관례冠禮 영천이씨 농암종가 | 2009년 | 사진 이동춘

종손이 되다

아버지가 돌아가시면 아들은 종손의 지위를 이어받는다. 새로운 종손이 정식으로 지위를 부여받는 의식이 바로 길제吉祭이다. 길제는 이틀에 걸쳐 진행되는데, 첫날은 개제고유改題告由를 하고 신주의 분면粉面을 고쳐 쓰는 준비의 시간, 다음 날에는 대수代數를 고쳐 적는 제사를 올리고 조매고유祧埋告由를 하는 실제적인 날이다. 길제는 담제禫祭를 지낸 다음 날 점을 쳐 담제의 다음 달 정丁일이나 해亥일이 되도록 날을 잡아서 지낸다.

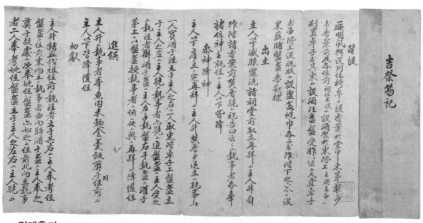

길제홀기吉祭笏記 32.9×157.5cm | 전주류씨 근암고택
길제의 절차를 적은 홀기. 길제는 고인의 사후 27개월째에 행하는 상례의 마지막 절차이면서, 한 가문의 새로운 재출발을 의미하는 의례이다.

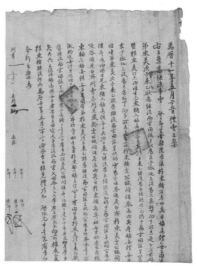

입안立案 92.3×69.6㎝ | 복제본 | 안동권씨 충재종가
선조 16년(1583) 5월 25일에 예조에서, 계후繼後를 위하여 권씨 가문에 공증해 준 입안. 당시 권벌의 맏아들인 권동보權東輔(1518~1592)가 후사後嗣가 없어 아우 동미東美의 둘째 아들 래來를 계후하는 문서이다.

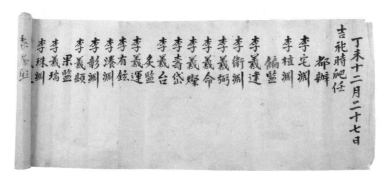

길사시파임吉祀時爬任 30.0×133.0㎝ | 영천이씨 농암종가
입제일 하루 전 종손 등 집안의 어른들이 모여서 작성하는 업무 분장표로, 길제를 위해 실질적인 역할을 수행해야 할 임원을 선출하는 절차이다.

개제고유改題告由 진성이씨 퇴계종가 | 사진 이동춘
사당에 가서 분향하고 신주의 개제改題를 하기 위해 출주出主를 하겠다고 아뢰는 의식

출주出主 진성이씨 퇴계종가 | 사진 이동춘
고유를 마치면 참사자 전원이 재배하고, 봉독奉櫝 직책을 맡은 집사들이 사당으로 들어가 주독을
모시고 나오는 절차

222

개제례改題禮 의성김씨 학봉종가 | 사진 이동춘
봉사손의 대수를 바꾸기 위해 신주의 내용을 새로 쓰는 의식

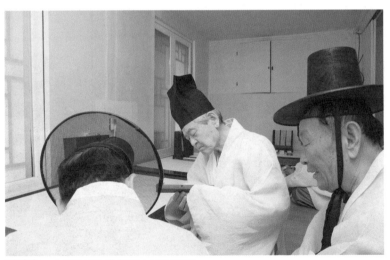

개제례改題禮 진성이씨 퇴계종가 | 사진 이동춘
봉사손의 대수를 바꾸기 위해 신주의 내용을 새로 쓰는 의식

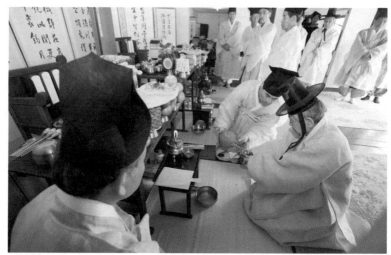

길제吉祭 진성이씨 퇴계종가 | 사진 이동춘
개제고유 다음 날 길제를 지내는 모습

길제吉祭 의성김씨 학봉종가 | 사진 이동춘
개제고유 다음 날 길제를 지내는 모습

매주埋主 의성김씨 학봉종가 | 사진 이동춘
길제를 올린 후 5대조의 신주에 조매 고유를 하고 곡을 한 다음, 매주할 장소로 가서 묻는 의식

종손으로 살다

종손은 봉제사접빈객에 성심을 다한다. 접빈객이 종가를 찾는 사람들에 대한
의무라면, 제사는 돌아가신 조상님들에 대한 의무이다. 종손으로 살아가는 이상
그들은 집을 지키며 이러한 의무를 묵묵하게 수행한다. 그 안에서 그들은 문중
의 리더가 되어, 자신에게 주어진 무거운 책임을 감당하고 포용으로 타인을 끌
어안으며 살아간다.

백병白屛 150×70cm(4폭) | 야성정씨 참판공종가(괴음당)
제사 지낼 때 쓰던 병풍으로, 그림이나 글씨가 붙어 있지 않은 흰 종이 바탕으로만 이루어져 있다.

열쇠패 길이 23cm | 의성김씨 학봉종가
종가의 열쇠는 영당이나 사당 등 조상의 공간을 지키는 중요한 것이다. 평소에는 외부인의 출입을 제한하고 명절이나 제삿날에 후손들이 참배할 수 있도록 개방한다.

사당빗자루 길이 130cm | 의성김씨 학봉종가
사당을 청소할 때 사용하던 빗자루이다.

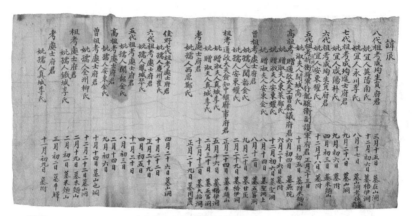

휘진諱辰 28.6×58.7㎝ | 광산김씨 유일재종가
김성열金星說(1760~1833)이 조상들의 기일忌日을 잊지 않기 위해 광산김씨 가구佳邱의 유일재종가와 가야佳野의 긍구당의 기일을 한데 모아 기록한 것이다.

접빈화로接賓火爐 17.5×22.5×22.5cm | 의성김씨 학봉종가
손님을 맞이할 때 사용하던 화로이다.

소반小盤 40×40×26.5cm | 밀양박씨 문중
소반은 음식그릇을 올려놓는 작은 상이다. 종가에서는 소반을 많이 준비해 손님 접대, 조손祖孫 간
식사, 그리고 제사 때 제물을 옮기거나 음복하는 등 다양하게 사용한다.

사당에 들다

종손이 생을 마치면 삼년상을 거쳐 사당에 들게 된다. 집안의 모든 의례를 주관
하던 종손이 이제는 상례喪禮의 대상이 되어 자신의 삶에서 마지막 의례를 갖추
고 떠나는 것이다. 상주인 아들은 장사葬事를 치르고 삼우제三虞祭를 지내 고인
을 조상신으로 승화시킨 다음, 삼 년 동안 날마다 상식을 올리며 정해진 날에
졸곡卒哭, 부제祔祭, 소상小祥, 대상大祥, 담제禫祭 등을 지낸다. 그리고 길제의 날,
아버지는 사당에 들고 아들은 정식으로 종손이 된다.

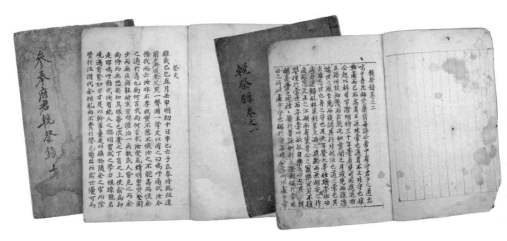

만제록輓祭錄 · 참봉부군만제록參奉府君輓祭錄 34×23.8cm | 성산이씨 응와종가
응와凝窩 이원조李源祚(1792~1871)와 그의 맏아들 이정상李鼎相(1808~1869)을 애도한 만사와 제문을
모아서 수록한 것이다.

운악선생문집雲嶽先生文集 31.7×21㎝ | 재령이씨 충효당
이 책은 조선 중기의 문신·학자인 이함李涵(1554~1632)의 문집으로, 잡저 부분에 가훈家訓과 숨을
거두면서 남긴 유계遺戒가 있다.

묘지석墓誌石 20.2×8.5×3.6㎝(9개) | 안동권씨 병곡종가
권주의 부친인 권이權邇(?~1490)의 묘지석. 묘지석이란 장례를 치를 때 고인의 본관과 이름, 조상의
계보, 생몰연월일, 행적, 묘소의 위치와 좌향 등을 기록하여 묻은 판석板石이나 도판陶板을 말한다.

발인 전날 진성이씨 퇴계종가 | 사진 이동춘

발인發靷 진성이씨 퇴계종가 | 사진 이동춘
고인이 생시의 집을 떠나 장지로 가는 절차로, 상여가 집 대문 밖으로 나오는 모습

발인發靷 진성이씨 퇴계종가 | 사진 이동춘
고인이 생시의 집을 떠나 장지로 가는 절차. 가는 행렬은 대체로 명정-영여-만장-공포-삽선-상여-상주-복인-문상객의 순서이다.

반곡反哭 진성이씨 퇴계종가 | 사진 이동춘
신주와 혼백을 모시고 집으로 돌아오면서 곡을 하는 의식

부제祔祭 진성이씨 퇴계종가 | 사진 이동춘
졸곡卒哭 다음 날 새로 조성한 신주를 사당에 모실 것을 고하는 제사

부제祔祭 진성이씨 퇴계종가 | 사진 이동춘
졸곡卒哭 다음 날 새로 조성한 신주를 사당에 모실 것을 고하는 제사

담제禪祭 진성이씨 퇴계종가 | 사진 이동춘
초상으로부터 27개월째 지내며 상주가 평상으로 되돌아감을 고하는 제사

탈상脫喪 진성이씨 퇴계종가 | 사진 이동춘
상복을 벗는다는 의미로, 상례의 마지막 절차. 신주를 모시는 종가에서는 길제를 지내야 완전한
탈상으로 여긴다.

종손의 자취

향촌에 거주하며 종가를 지켰던 종손들은 그러한 시간들 속에서 저술을 남기기도 한다. 어떤 경우에는 마치 가풍을 전수하듯이 몇 대에 걸친 방대한 기록으로 이루어진다. 그들의 저술은 문체에 따라 가학의 집대성이 되거나, 또는 일기와 같이 봉제사접빈객 중심의 관혼상제례와 문중 이야기들을 생생하게 담기도 한다.

영산가학英山家學 29.5×19.9㎝ | 영양남씨 영해 난고종택
350여 년 15대 동안 난고蘭皐 남경훈南慶薰(1572~1612)의 종손들이 남긴 문집을 모은 세고世稿이다.

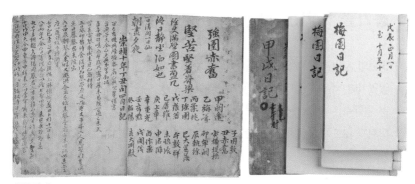

매원일기梅園日記 26.0×33.0㎝ | 광산김씨 예안파 후조당
김광계金光繼(1580~1646)가 1603년부터 1645년까지 쓴 일기. 예안禮安의 광산김씨光山金氏 4대 해
垓 → 광계光繼 → 염·선 → 순의純義로 이어지는 동안 각각 일기를 남겼는데 그 중 하나이다.

과헌일기果軒日記 28.2×24.7㎝ | 광산김씨 예안파 후조당
김순의金純義(1645~1714)가 1662년부터 1704년까지 쓴 일기. 예안禮安의 광산김씨光山金氏 4대 해
垓 → 광계光繼 →염·선 → 순의純義로 이어지는 동안 각각 일기를 남겼는데 그 중 하나이다.

종가를 지키는 사람들

종손의 사명감, 종부의 헌신, 그리고 그들을 물심양면으로 돕는 문중 성원들이 있었기에 지금의 종가문화가 존재한다. 문중을 존재하게 하고 결속시키는 가장 큰 원동력은 훌륭한 선조의 혁혁한 공적에 있지만, 오랜 세월 사라지지 않고 흩어지지 않도록 지탱하는 데에는 그 시절을 견뎌 온 종가 사람들의 힘이 컸다.

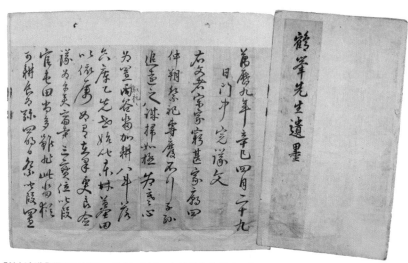

학봉선생유묵鶴峯先生遺墨 25.7×34.0㎝ | 의성김씨 월탄고택
학봉鶴峯 김성일金誠一(1538~1593)이 쓴 문중의 완의完議를 수록한 필첩. 종가가 제사를 잘 지낼 수 있도록 문중에서 경제적 도움을 주자는 합의문이다.

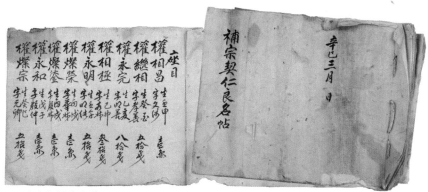

제문祭文 24.2×119.5cm | 풍산김씨 학사종가

김세락이 1914년에 부인 진성이씨의 두 번째 기일을 맞이하여 장편으로 쓴 제문. 진성이씨는 17세 때 학사鶴沙종가로 출가하여 10대의 제사를 잘 받들었고, 집안의 상사와 혼사에 정성을 다하여 가정을 화목하게 꾸려 갔다고 하였다.

보종계인량명첩(신사)補宗契仁良名帖(辛巳) 19.0×24.0cm | 안동권씨 부정공파 문중

보종계補宗契는 종가를 도와 문중을 이어 나가기 위한 목적으로 결성하는 계. 이 자료는 마을 단위별로 계원의 성명, 생년生年, 자호字號를 기입한 후 계금稧金을 적었다.